子どもが笑顔になるニット
子どもに作りたいニット

播田順子

c o n t e n t s

PHOTO PAGE   編み方

4	ポピーのカシュクールワンピース＆ベレー帽	24
5	レース使いの半袖ワンピース＆くまの編みぐるみ	27
6	色違いのボーダーベストとボーダー半袖サマーニット＆ふくろうの編みぐるみ	30
8	ひまわりのワンピース＆ポシェット	34
9	スモッキング・レース衿のワンピース	37
10	ダイヤ柄の長袖ワンピース＆巾着	39
11	パッチワークキルトの入ったかぎ針ベスト＆バッグ	42
12	イチゴのプルオーバー＆イチゴのストラップ・コサージュ	45
13	花柄のフリル付きマント	47
14	かのこ編みのスタンドカラージャケット＆バッグ	49
15	ボーダー柄のジャンパースカート・ボレロ＆コアラの編みぐるみ	52
16	クリスマスツリーのワンピース	55
17	おめかしファーショール＆おませなファーバッグ	57
18	男の子フード付きベスト	59
19	男の子ヘンリーネックベスト	62
20	市松模様のスカート兼ポンチョ＆ポシェット	64
21	カラフルな大きな衿のジャケット	66

■ ポピーの
カシュクールワンピース
＆ベレー帽

澄みわたる青空と「ヒマラヤの青いポピー」がモチーフです。柔らかなスカイブルーのグラデーションカラーヤーンをベースにポピーの花を添えて、優しいワンピースに仕上げました。キュートなホワイトのポンポン付きベレー帽は一段とおしゃれです。

サイズ：4〜7才
糸：しらかば
　：混ざりモヘア
　：白アクリルモール

編み方　24 ページ

■ レース使いの
　半袖ワンピース
　＆くまの編みぐるみ

生成りの優しいレース使いでさらにおしゃれなワンピースに仕上げました。
ロンドン動物園クロクマのウィニー・くまのプーさんをイメージしながら、
お揃いのループヤーンでくまの編みぐるみを作りました。

サイズ：3～6才
糸：ニコットスイートループ
　：サマーヤーン

編み方　27ページ

■ 色違いのボーダーベストと
ボーダー半袖サマーニット
＆ふくろうの編みぐるみ

マリンボーダーのベストは軽快でカジュアルな冬の重ね着にもピッタリです。マシュマロタッチのラムウール素材で編んだふくろうの編みぐるみ。量感のある真ん丸シルエットに笑みがあふれます。

サイズ：ブルー　7〜11才
　　　：ピンク　4〜7才
糸：ニコットスイートウェーブ
　：やわらかラムウール
　：コットンエブリィ

編み方　30ページ

■ ひまわりのワンピース
　　＆ポシェット

「ペルーの黄金の花」「インディアンの太陽の花」と呼ばれるパステルイエローヤーンのひまわりのワンピースです。Aラインのシルエットが一段とおしゃれ感を引き立たせます。

サイズ：3〜4才
糸：ウールヤーン
　　やわらかラムウール

編み方　34ページ

■ スモッキング・レース衿のワンピース

雪のようにピュアなホワイトヤーンの編み地に透かしレースの衿とフェミニンな胸元のスモッキングがエレガントでおしゃれな仕上がりに。

サイズ：5〜8才
糸：シルクマイルド
：オーキッド

編み方 37ページ

■ ダイヤ柄の長袖ワンピース&巾着

衿・袖口にダイヤ柄。裾に小花の刺しゅうを。柔らかなスカイブルーのグラデーションカラーヤーンは素材のしなやかな肌触りと軽やかな着心地が魅力です。ダイヤ柄の巾着を添えて。

サイズ：3〜6才
糸：紬
　：フェザー
　：しらかば

編み方 39ページ

パッチワークキルトの入ったかぎ針ベスト
  ＆バッグ

パッチワークキルトの入った鮮やかなロングピッチの段染めヤーンのレーシーロングベストは、一段とおしゃれです。華やかなローズピンクが表情を明るく、身に着ける人を美しく見せます。バッグもご一緒に。

サイズ：4〜7才
糸：クレヨンソックヤーン

編み方 42 ページ

■ イチゴのプルオーバー
　＆イチゴのストラップ・コサージュ

真っ赤なストロベリーのプルオーバーです。甘い香りで表情が和らぎ、かわいさが光ります。イチゴのストラップはバッグなどにどうぞ。

サイズ：2〜3才
糸：ムーンライトサエ
　：スーパーアクリル

編み方　45ページ

■ 花柄のフリル付きマント

ソフトなホワイトヤーンのショートマントです。前立て・裾・犬の模様がキュートでエレガントな仕上がりになっています。初冬の外出用に。

サイズ：3〜7才
糸：シルクマイルド
：オーキッド

編み方 47ページ

■ かのこ編みのスタンドカラージャケット&バッグ

控えめなラメと超極太グレーヤーンが落ち着いた雰囲気を醸し出します。鮮やかな七色のボタンが少女らしさを引き立てる、おしゃれな防寒着に仕上げました。同じ素材のミニバッグを。

サイズ：5〜9才
糸：ソフトラッド
：黒銀ラメ

編み方 49ページ

ボーダー柄のジャンパースカート・ボレロ
＆コアラの編みぐるみ

深みのある花柄フリル入りグレーヤーンとホワイトウールヤーンの上品なボーダーのツーピースです。衿元のマーガレットのコサージュがアクセントに。ジャンパースカートは単独の着こなしでも。コアラの編みぐるみも一緒に。

サイズ：3～7才
糸：オーキッド
　：シルクマイルド
　：スーパーアクリル

編み方 52ページ

■ クリスマスツリーの ワンピース

クリスマスツリーのシルエットの丸ヨークワンピースです。
光り輝くクリスマスツリーをイメージしました。
いつもと違う新しい表情を発見できます。

サイズ：5〜9才
糸：スーパーアクリル

編み方 55 ページ

■ おめかしファーショール ＆おませなファーバッグ

ファーのショール・バッグは真っすぐ編みの簡単テクニックで短時間で編めます。パーティーや外出用にとっても重宝です。着物を着る機会にもぜひお勧めです。

サイズ：3才〜大人まで
糸：ホワイトファー
　：3色玉付きファー

編み方　57ページ

17

男の子フード付きベスト

ネイビーヤーンのシンプル編み地にジグザグ模様とホワイトラインのコンビネーション。上品でシャープなシルエットのフード付きベストです。裾にリブ編みを付ければ、丈は自由にできます。

サイズ：7～12才
糸：メリノウール
　：シルクマイルド

編み方　59ページ

男の子ヘンリーネックベスト

ネイビーヤーンのシンプル編み地。
飽きのこない軽快で着心地満点のベストです。
ポロシャツ・ワイシャツの上にピッタリ。

サイズ：6〜8才
糸：メリノウール
　：シルクマイルド

編み方　62ページ

■ 市松模様のスカート兼ポンチョ
　＆ポシェット

伝統の市松模様を使った作品です。一点でスカートにもポンチョにも使えます。ポシェットをコーディネートして。

サイズ：3〜4才
糸：ソフトラッド
　：黒銀ラメ
　：カシミヤウール

編み方 64ページ

■ カラフルな大きな衿のジャケット

複雑な段染めヤーンを使ったカラフルな大きな衿のジャケット。お出かけが楽しくなります。

サイズ：6〜10才
糸：Opal（ドイツ）
　：やわらかラムウール

編み方 66ページ

作り方

<材料について>
＊商品によってはすでに取り扱いのないものもあります。
＊毛糸は他のメーカーの糸でも構いませんので、色は〇〇系と書いてあります。
＊同じメーカーの毛糸の場合、（　）内の数字が色番号です。

ポピーのカシュクールワンピース＆ベレー帽

◎ポピーのカシュクールワンピース

○材料　・しらかば（NORO・合太タイプ）ブルー系（12）200ｇ＝4玉
　　　　・混ざりモヘア（Itary・中細タイプ）ブルー系・ピンク系＝各20ｇ
　　　　・白アクリルモール＝5ｇ
　　　　・レース紐　（幅1.5cm　長さ60cm）ホワイト＝1本
○用具　・棒針7号　かぎ針5/0号
○ゲージ　10cm平方で裏メリヤス編み　18目×25段

○編み方　糸は1本どりで編みます。ポピーの花は1本どりでかぎ針で編みます。
　　　　　茎は1本または2本どりでかぎ針でスレッドコードを編みます。
　　①前・後スカートは指でかける作り目をし、裾のガーター編み6段を編み、
　　　続けて裏メリヤス編みで編みます。

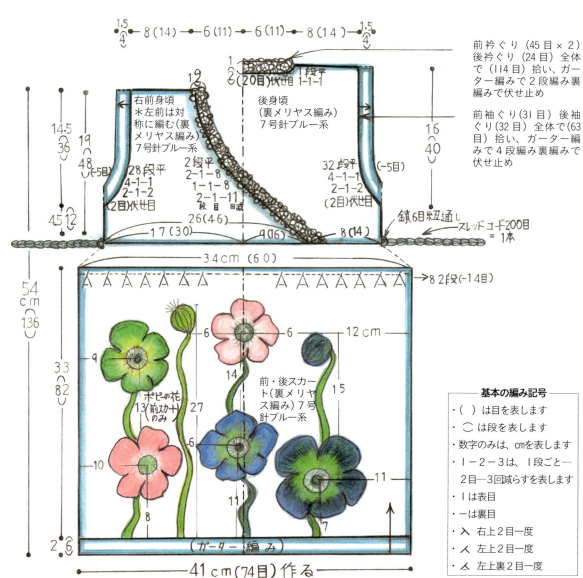

②スカートの82段目は裏より74目から14目減目し、60目にします。
③右前衿ぐりは左前の14目を残し、1目ずつ減目をしながら12段まで編みます。
　13段目からは袖ぐりの減目も始めます。右衿ぐりと袖ぐりの減目をしながら36段まで編み進めます。
　編み終えたら肩は目で休めておき、左前衿ぐりを編み始めます。
　残しておいた14目と右前の後ろより32目拾い、46目にして同様に減目をしながら編み上げます。
④肩は前・後身頃を中表（裏メリヤス）に合わせて、かぶせはぎにし、脇は表よりすくいとじにします。
⑤袖ぐりと衿ぐりより拾い目をしてガーター編みでそれぞれの段数編み、裏編みで伏せ止めにします。
⑥ポピーのモチーフと茎を編み、所定の位置に縫い糸でとじ付けます（ポピーのモチーフは前スカートのみ）。
⑦花のレース紐（幅1.5cm　長さ60cm）を衿の縁取りとして付けるととても素敵になります。
⑧ウエストのスレッドコードのリボン紐を両脇の紐通しに通して後ろで結びます。

〈花モチーフ〉5/0号針　ポピー（中）＝2個　　〈ポピーのつぼみ 中〉

人差し指に糸を30回巻き、
その輪の中に糸を2回通してしっかり結び、
残りの糸2本どりでスレッドコードを60目編み、茎とします

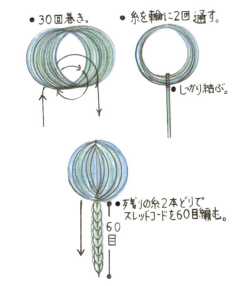

中心の糸は、白モールやモヘア糸で編むと、
よりめしべらしくなります

〈花モチーフ〉5/0号針　ポピー（大）＝3個　　〈ポピーの茎・ポピーのつぼみ 大〉

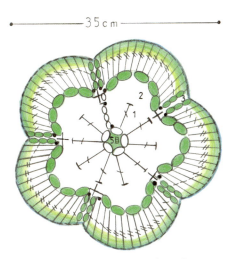

中心にモヘア糸でポンポンを作り
取り付けても良い

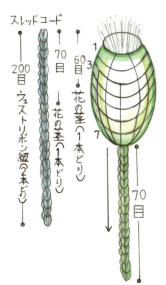

指でかける作り目を6目作り3段で12目に増やし、4本針で筒状に7段編み、中に糸を詰めて絞り残り糸1本どりで、スレッドコードを70目編みます。先方は白モール糸でめしべを作り取り付けます

先方のめしべは白モール糸を人差し指に5〜6回巻き、下をきつく巻き結び、上を切って上方に詰めて整えます

25

◎ベレー帽

○材料　・しらかば（NORO・合太タイプ）ブルー系（12）100 g＝2玉
　　　　・白アクリルモール＝2 g
○用具　・棒針7号（4本棒針）　輪針6号
○ゲージ　10cm平方で裏メリヤス・縄編み 18目×25段　ゴム編み 19目×30段

○編み方　糸は1本どりで輪編みにします。
① 指でかける作り目をし、輪にして裾は2目ゴム編みで9段編み、10段目は表で92目から＋16目増やし108目にしてから、裏メリヤス編み（14目）→縄編み（4目）を6回繰り返して34段まで編みます。
② 35段目より2段ごとに減目しながら編み進み、45段目の縄編みの減らしはクロスをしてから、各2目一度にし、最後の46段目は、縄編みの表目と裏編みの裏目と表目が上になるように2目一度します。
③ 最終の18目は、1目おきにとじ針で糸を2周通して絞ります。出来上がった帽子の中心に白アクリルモールを人差し指と中指に30回程度巻き、中心を二重に固く結び、丸く切りそろえたポンポン玉を作り、取り付けます。

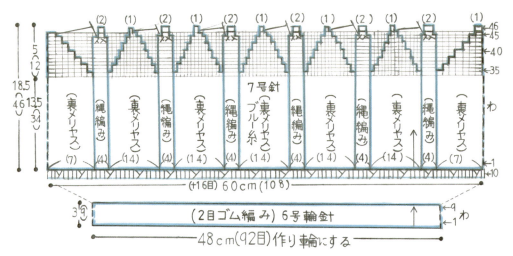

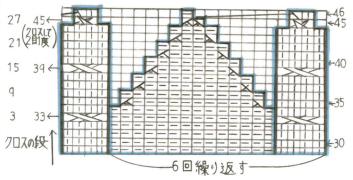

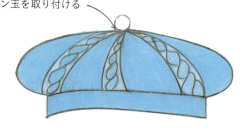

白のポンポン玉を取り付ける

〈白のポンポン玉の作り方〉

人差し指と中指に
30回ほど巻き、
中心を二重に
固く結ぶ

丸く切り揃える

レース使いの半袖ワンピース＆くまの編みぐるみ

◎レース使いの半袖ワンピース

○材料　・ニコットスイートループ（オリムパス・超極太タイプ）　ブラウン系（108）240ｇ＝8玉
　　　　・サマーヤーン（合太タイプ）ホワイト系　80ｇ＝2玉
○用具　・棒針15号　かぎ針5/0号　輪針15号
○ゲージ　10cm平方でメリヤス編み　9目×15段

○編み方　糸は1本どりで編みます。レースはかぎ針で編みます。
　①指でかける作り目を15号針で28目作り、2段ガーター編みで次はメリヤス編みで両脇3目ずつ減目しながら36段まで編み、糸印を付けさらに18段編み、再び糸印を付け衿ぐりの減目をしながら編み、前・後の身頃を編み上げます。
　②かぎ針5/0号で図のレース模様のモチーフをホワイトのサマーヤーンで2枚編みます。
　③身頃の脇に模様編みのレースを糸印に合わせてすくいとじで取り付けます。つづく→

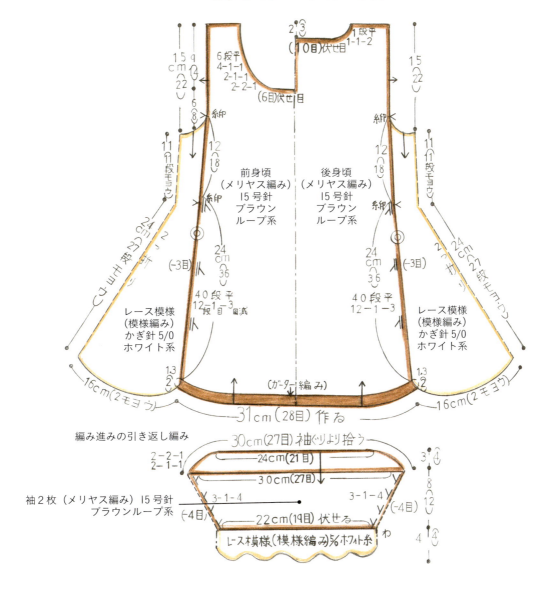

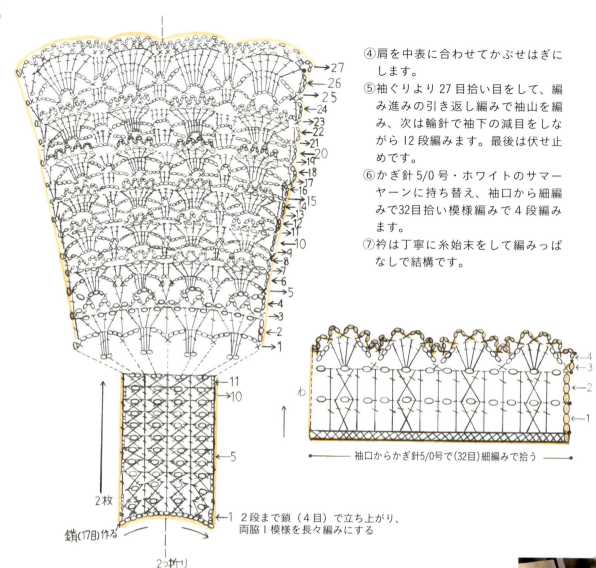

④肩を中表に合わせてかぶせはぎにします。
⑤袖ぐりより27目拾い目をして、編み進みの引き返し編みで袖山を編み、次は輪針で袖下の減目をしながら12段編みます。最後は伏せ止めです。
⑥かぎ針5/0号・ホワイトのサマーヤーンに持ち替え、袖口から細編みで32目拾い模様編みで4段編みます。
⑦衿は丁寧に糸始末をして編みっぱなしで結構です。

◎くまの編みぐるみ

○材料 ・ニコットスイートループ（オリムパス・超極太タイプ）ブラウン系（108）60g＝2玉
・ウール毛糸（ユザワヤ・並太・合太タイプ）ホワイト系 40g＝1玉 （並太）＝少々
・爪用刺しゅう（白系）＝少々・革紐（茶系）＝47cm・わた100g
・目玉用黒丸ボタン＝2個

○用具 ・棒針15号 かぎ針8/0号・5/0号

○ゲージ 10cm平方でメリヤス編み 9目×15段 かぎ針5/0号 長編み18目×10段

○編み方 糸は1本どりで編みます。洋服はかぎ針5/0号で1本どりで編みます。
①左・右の足を別々に指でかける作り目で8目作り10段編みます。次に左・右の足の間に1目増し目をして、続けて17目を8段編みます。
②袖下は左右8目ずつ巻き増し目をして10段編み、今度は左右10目ずつ伏せ編みをして頭の部分は図のように左右3目ずつ増し、平に8段編み、次に5目ずつ減目し最後は9目を伏せ止めにします。同じものを2枚編みます。

③2枚を中表にして0.5cm入ったところを返し縫いをして表に戻し、中に100ｇのわたをたっぷり詰め、すくいとじで縫ってない足をとじます。
④目・鼻・口・耳・爪・ポケットを作り取り付けます。そして、首元にブラウンの革紐でリボンを結びます。
⑤スカートは、かぎ針5/0号でホワイト系の合太で鎖を66目作り、輪にして細編みで１周します。さらに図のように５段まで編み６段目は並太の糸に持ち替えて編み、最後は始めの鎖より逆方向へ１段長編みをして、サスペンダーとして（鎖30目）15cmを２本編み背中でクロスさせてスカートに取り付けます。
⑥上着を編む時は鎖33目を作り、輪にして図のような編み方で編みます。スカートの長編み２目玉編みの編み目と上着の長編み２目編み入れる編み目で出来上がった作品の違いを楽しみながら作ってください。上着の裾やジャンパースカートの裾部分を好みの色に替えて編んでも楽しいですね。

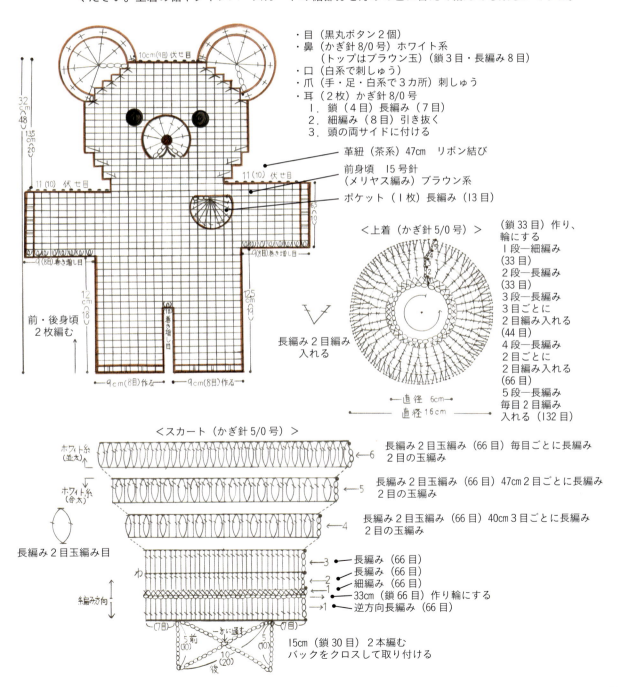

6 色違いのボーダーベストとボーダー半袖サマーニット＆ふくろうの編みぐるみ

◎色違いのボーダーベスト

○材料　・ニコットスイートウェーブ（オリムパス・超極太タイプ）
　　　　　＜ブルーベスト＞　紺系（8）90g＝3玉　ベージュ系（2）120g＝4玉
　　　　　＜ピンクベスト＞　ピンク系（6）90g＝3玉　ベージュ系（2）60g＝2玉
○用具　・棒針10mm　輪針15号
○ゲージ　10cm平方でメリヤス編み9目×13段

○編み方　糸は各1本どりで10mmの棒針で編みます。裾・衿ぐり・袖ぐりは15号輪針で編みます。
　①前・後身頃は別鎖の裏山より拾い目をして、糸を替えながら編み進めます。袖・衿を図のように減目しながら編み上げます。

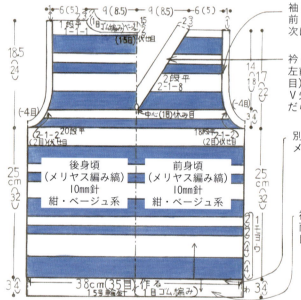

袖ぐりから
前（22目）・後（24目）全体で（46目）輪針15号で拾い出し、次は伏せ止めにします

衿ぐりから
左前（21目）・中心（1目）休み目・右前（21目）・後（20目）全体で（63目）輪針15号で拾い出し1目ゴム編みで編み、V先は2段と3段を中上3目一度をしながら3段まで編んだらゴム止めにします

別糸の鎖の裏山から10mm針で紺の糸で（35目）拾い出し、メリヤス編みでベージュの糸と縞編みにします

裾は別鎖の裏山から輪針15号で目を拾い、ベージュ糸で両サイド4カ所、表側の目を上にした2目一度をし、1目ゴム編みで4段編みゴム止めにします

袖ぐりから
前（18目）・後（20目）、全体で（38目）輪針15号で拾い出し、次は伏せ止めにします

衿ぐりから
前（36目）・後（20目）、全体で（56目）輪針15号で拾い、1目ゴム編みで3段編みゴム止めにします

別糸の鎖の裏山から10mm針でピンクの糸で（32目）拾い、メリヤス編みでベージュの糸と交代しながら交互に縞編みにします

裾は別鎖の裏山から輪針15号で目を拾い、ピンク糸で両サイドを4カ所、表側の目を上にした2目一度をし、1目ゴム編みで4段編みゴム止めにします

②身頃が出来上がると、中表にして肩はぎをします。目の中に目をくぐらせ1段表編みにしながらかぶせる、かぶせはぎにします。
③両脇を表からボーダーがずれないようにしてすくいとじにします。
④この時点で裏返しにして糸始末できるところは表に響かないはぎのところなどにもぐらせて全てきれいにします。
⑤裾は別鎖の裏山から輪針で目を拾い、別鎖を解き、1目ゴム編みで4段編みゴム止めにします。衿ぐりから拾い目をして1目ゴム編みで3段編みゴム止めにします。袖ぐりから輪針で拾い目して次は表編みで伏せ止めにします。
⑥裏に糸が長く渡っているところは、ところどころ止め糸始末が終わり仕上がりのアイロンをかければ出来上がりです。アイロンは直にかけず数センチ浮かせたところから蒸気を数秒かけ軽く手で押さえて冷めてから動かします。裏からそれぞれのパーツができた段階で寸法通りピン打ちしてアイロンをかけておくと作業がスムーズできれいに出来上がります。

◎ボーダー半袖サマーニット

○材料　・コットンエブリィ＜スラブ＞（ユザワヤ・中細タイプ）紺（6）125g＝5玉
　　　　・コットンエブリィ＜スラブ＞（ユザワヤ・中細タイプ）白（2）125g＝5玉
　　　　・ストレッチ（紺）＝少々
○用具　棒針8号、10号・輪針10号
○ゲージ　10cm平方でメリヤス編み17目×22段
○編み方　糸は2本どりで編みます。
　①前・後身頃は指でかける作り目で67目作り、8号針・紺系とストレッチ（紺）を引き揃えて1目ゴム編みで6段編み、次は10号針に替えストレッチ無しで8段・白糸で8段を交互に繰り返し、72段まで編みます。両サイドに糸印を付けて、さらに24段編みます。つづく→

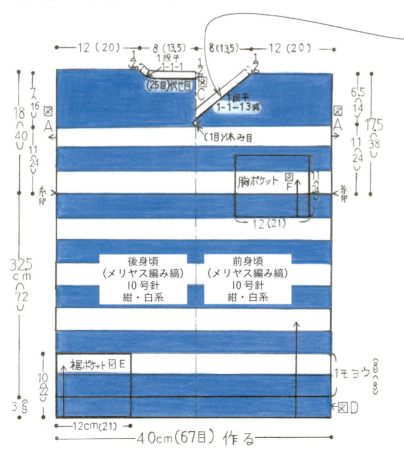

②後身頃は紺の糸に替えて、後ろ衿ぐりの減目をしながら編み上げます。
③前身頃も紺の糸に替えて、中央の1目を休めておき、前衿ぐりの減目をしながら編み上げます。
④身頃を中表にして、肩をかぶせはぎにします。
⑤袖ぐりより（前袖29目・後ろ袖31目）60目を拾い、減目無しで図Aのすべり目模様を入れながら編みます。袖口は図Bを編み伏せ止めにします。
⑥表より袖下・身頃の両脇をすくいとじにします。
⑦衿ぐりより（左衿21目・中央休み目1目・右衿21目・後ろ衿32目）75目を拾い、10号輪針・白糸で図Cを編みます。中央は休めていた1目と両側から目を引き上げ、中上3目一度をします。最後は伏せ止めにします。
⑧胸ポケットと裾ポケットを1枚ずつ編みます。編み始めは、指でかける作り目で、編み終わりは伏せ止めにします。所定の位置にすくいとじでとじ付けます。

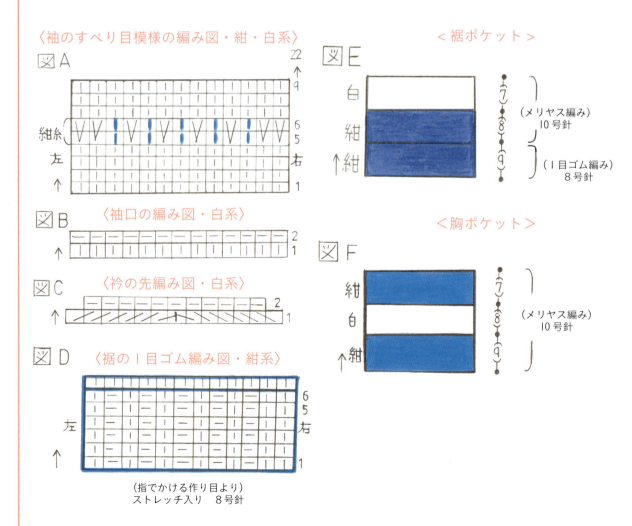

6

◎ふくろうの編みぐるみ

○材料　・やわらかラムウール（ダルマ毛糸［横田］・中細タイプ）ライトグリーン系 30 g＝1玉
　　　　・やわらかラムウール　ピンク系 30 g＝1玉
　　　　・黒毛糸（くちばし用）・段染め毛糸（頭のリボン用）極少々
　　　　・目玉（大中2個ずつ）
　　　　・手芸わた（ぬいぐるみ用）130 g＝1袋
○用具　・かぎ針 3/0号
○ゲージ　10cm平方で長編み　17目×12段

○編み方　糸は1本どりで編みます。大きいふくろうは鎖を40目・小さいふくろうは鎖を30目作り、輪にしてかぎ針で長編みをします。

①大のふくろうは長編みを12段編み13段目は長編みの2目一度で40目を半分の20目にします。14段目は長編み2目一度で20目を半分の10目にして15段目は細編み2目一度で10目を5目にして、それをWにして最初に片耳を編み、次に細編みを3目編み、編み終わりにもう一方の耳を編み、糸を引き抜きます。

②小のふくろうも同様に長編みを8段編み、9段目と10段目は長編みの2目一度で30目を半分の15目、15目の半分の8目にします。11段目は細編みの2目一度で8目を4目にしWにして片方の耳を編み、細編みを2目編み、もう一方の耳を編み、糸を引き抜きます。

③大のふくろうと小のふくろうの底からわたをしっかり詰め、それぞれ40目と30目を拾いながら図のように底を編み縮めます。

④編み終えたら目を貼り付けくちばしは黒毛糸で付け、小のふくろうの頭に30cmほどの段染めの毛糸を指に巻き、中心をきつく結び取り付けます。

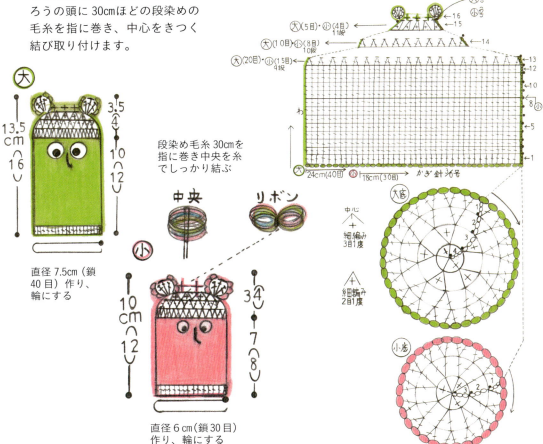

ひまわりのワンピース＆ポシェット

◎ひまわりのワンピース

○材料　・ウール毛糸（ベルクリヤーン・中細タイプ）グレー系 150g＝3玉
　　　　・やわらかラムウール（ダルマ毛糸［横田］・中細タイプ）イエロー系（22）30g＝1玉
　　　　・やわらかラムウール（ダルマ毛糸［横田］・中細タイプ）グリーン系（23）30g＝1玉
○用具　棒針12号　輪針12号　かぎ針5/0号
○ゲージ　10cm平方でメリヤス編み　16目×20段

○編み方　糸は2本どりで編みます。ひまわりの花は1本どりで茎と葉は2本どりでかぎ針で編みます。
　①前・後のスカートは指でかける作り目をし、裾の2目ゴム編み6段を編み、次にメリヤス編みで74目から54目に減目しながら66段編みます。
　②前袖ぐりの減目をしながら中央から8目ずつ、16目は裏メリヤス編みで編みます。16段編んでから前衿ぐりの減目を始めます。4段までは目で残す減目をしながら編み上げます。後ろ袖ぐりも前袖ぐりと同様に減目し、中央から8目ずつ、16目は裏メリヤス編みで29段まで編み、後ろ衿ぐりを減目して伏せ止めをしておきます。

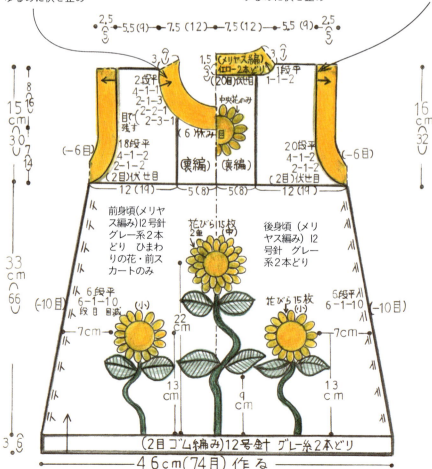

③肩は前・後身頃を中表に合わせてかぶせはぎにし、脇は表からすくいとじにします。
④袖ぐりと衿ぐりから拾い目して、表メリヤス編みでそれぞれの段数編み、ゆるめに伏せ止めにします。
⑤ひまわりの花・茎・葉それぞれのモチーフを編み、前身頃の所定の位置に縫糸でとじ付けます。
⑥後身頃の背中の裏編み中央部分にひまわりの花のみをとじ付けます。

〈ひまわりの葉〉
・左・右に残された2本どりの糸の左の葉から鎖を10目作り、図の順番で編み、最後に引き抜き、残糸を裏側にもぐらせ、糸始末をする。もう一方の糸で右の葉も同じように編む

〈ひまわりの茎〉
・2本どりでスレッドコード25目を編み、最後に糸を引き抜き、左右の葉を編むために各2本ずつ2.5mほど残す

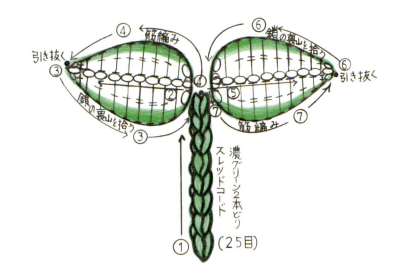

〈ひまわりの花〉かぎ針5/0号

・めしべ（2段・4cm）
・小（3段・6cm）
・中（5段・8cm）
・大（7段・10cm）

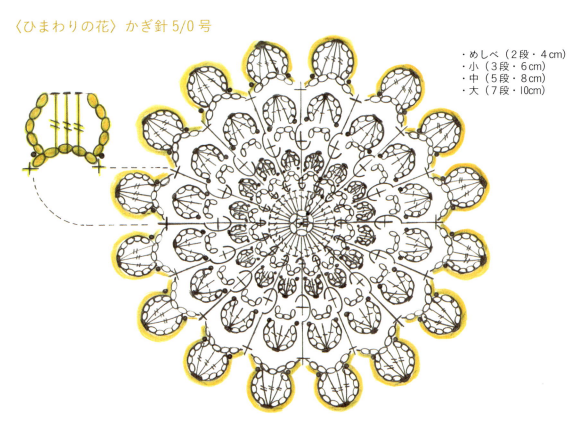

8

◎ポシェット

○材料　・ウール毛糸（ベルクリヤーン・中細タイプ）グレー系 50 g＝1玉
　　　　・やわらかラムウール（ダルマ毛糸［横田］・中細タイプ）イエロー系（22）30 g＝1玉
　　　　・やわらかラムウール（ダルマ毛糸［横田］・中細タイプ）グリーン系（23）30 g＝1玉
○用具　・棒針12号　輪針12号　かぎ針5/0号
○ゲージ　10cm平方でメリヤス編み　16目×20段

○編み方　糸は2本どりで編みます。ひまわりの花は1本どりでかぎ針で編みます。
　　　　ひまわりの茎と葉は2本どりで、かぎ針で編みます。
　①前・後は指でかける作り目をし、裾の2目ゴム編み6段を編み、続けてメリヤス編みで減目しながら20段まで編みます。21段より中央8目を裏編みして30段まで編みます。
　②前・後の脇を表よりすくいとじにし、底を巻きとじにします。ポシェット口はイエローの糸2本どりで、表メリヤス編みで7段編み伏せ止めにします。
　③ポシェットの紐はグレー系の4本どりでスレッドコード85cm 160目編みます。編み始めは糸を用意し編み終わりは糸を残し輪にくぐらせ房にして飾りにします。房は3.5cm・8本です。
　④ひまわりの花・茎・葉の編み方は、前頁のモチーフを参照して編みます。
　　花（小）・葉（中）・茎（スレッドコード18目）を編み縫い糸でとじ付けます。
　　葉の小・中は目数は同じですが、糸の引き加減で調整します。

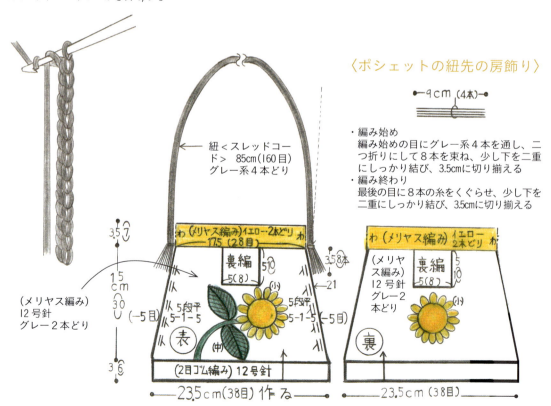

〈ひまわりのポシェット〉

〈ポシェットの紐先の房飾り〉

スモッキング・レース衿のワンピース

○材料　・シルクマイルド（ユザワヤ・合太タイプ）ホワイト系（2A）150g＝5玉
　　　　・オーキッド（リッチモア・超極太タイプ）グレー系（7）40g＝1玉
　　　　・ウール毛糸（中細）グレー系少々
　　　　・レース衿　1枚　ボタン（0.5cm）白＝1個
　　　　・ニット用接着芯（20cm）白＝1枚
○用具　・棒針6号・15号　かぎ針3/0号　輪針6号・15号
○ゲージ　10cm平方でメリヤス編み
　　　　　6号 23目×32段　15号 11.5目×16段

○編み方　糸は1本どりで編みます。
　①指でかける作り目で15号針グレー系で106目作り輪にしてガーター編みで3段編み、次に6号針に持ち替えホワイトの糸で106目を2倍の212目に増やし、メリヤス編みで95段編みます。
　②96段目で図に従って減目し、152目にしてガーター編みで6段編みます。両サイドに糸印を付け、1目ずつ増し目してから前・後身頃、別々に編みます。つづく→

〈スモッキング編み図〉

・結び刺しゅう（グレーの糸）二重巻き18カ所、裏でしっかり結ぶ
・スモッキング部分（横27cm・縦11.5cm）にニット用接着芯を少し大きめに切り、裏より編み地を伸ばしながらアイロンで接着する

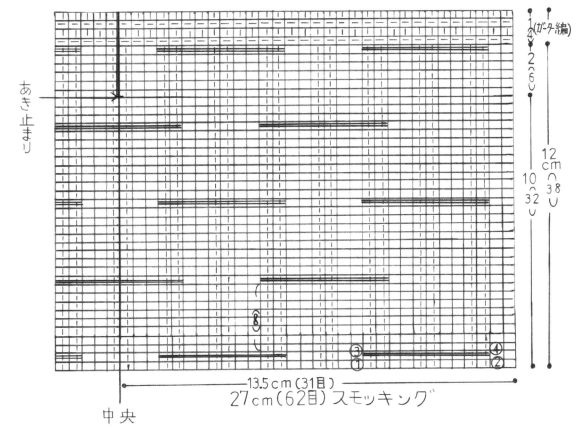

グレーの毛糸を1本どりで針に通し、裏より表に糸を出し、番号順に二重に糸を巻き通し、裏で絞りしっかり結ぶ。18カ所作る

③後身頃はメリヤス編みで袖と後ろ衿の減目をしながら編み上げます。前身頃は中央から31目ずつスモッキングにして、脇8目はメリヤス編みで編み、袖の減目をしながら32段編みます。ここよりあき止まりになるので左右別々に編みます。さらに6段編み、38段でスモッキングは終わり、次の4段はガーター編みで次の4段はメリヤス編みをし、衿ぐりの減目をして編み上げます。

④袖を2枚編み、袖下と身頃の脇を表よりすくいとじにします。

⑤身頃を中表にして袖を入れ、返し縫いをして袖付けをします。

⑥前衿ぐりから22目ずつ、後ろ衿ぐりから28目拾いガーター編みで6段編み、伏せ止めにします。前開きの部分に図のように細編みで編み、ボタンループを鎖6目で編み作ります。左衿元にボタンを付け、レース衿を内側に縫い糸でまつり付けます。

⑦ポケットを2枚編み取り付けます。スモッキングした裏側に接着芯をアイロンで接着します。

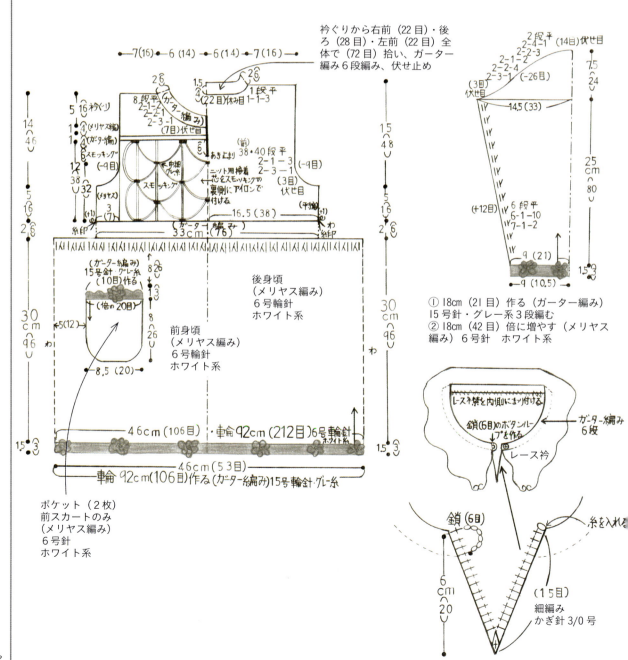

ダイヤ柄の長袖ワンピース＆巾着

◎ダイヤ柄の長袖ワンピース

- 材料　・しらかば（NORO・合太タイプ）ブルー系（12）200ｇ＝4玉
　　　　・紬（後正産業・並太タイプ）ホワイト系（6）80ｇ＝2玉
　　　　・フェザー（シルバー編物研究会・極細タイプ）ホワイト系（6）30ｇ＝1玉
　　　　・細毛系　刺しゅう用　バックステッチ＝ブラウン・イエロー・グリーン少々
　　　　　レゼーデージーステッチ＝濃淡ピンク・ホワイト・グリーン
- 用具　　・棒針7号　輪針6号　レース針0号
- ゲージ　10cm平方でメリヤス編み 18目×25段

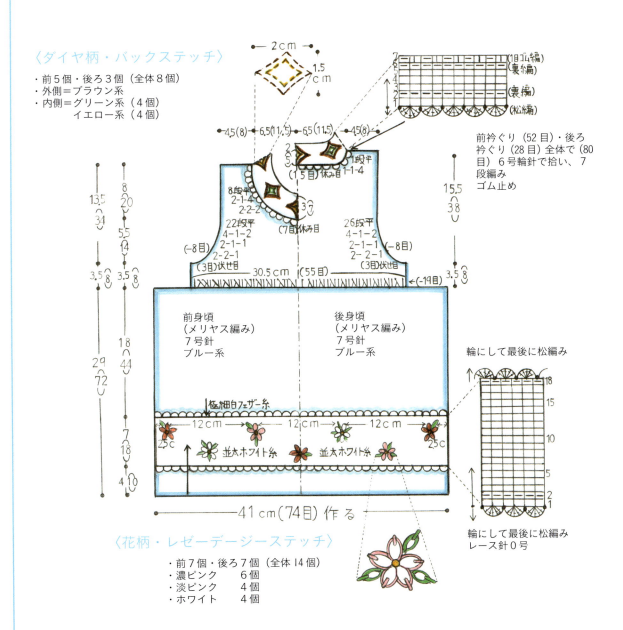

〈ダイヤ柄・バックステッチ〉
- 前5個・後ろ3個（全体8個）
- 外側＝ブラウン系
- 内側＝グリーン系（4個）
　　　　イエロー系（4個）

〈花柄・レゼーデージーステッチ〉
- 前7個・後ろ7個（全体14個）
- 濃ピンク　　6個
- 淡ピンク　　4個
- ホワイト　　4個

○編み方　糸は１本どりで編みます。縁どりは１本どりでレース針で編みます。衿は輪針で編みます。

①前・後スカートは指でかける作り目をし、裾から10段をブルーの糸で編み、次はホワイトの糸に替え18段編みます。2段目と最後の18段目は裏編みで編みます。次にブルーの糸に替え44段編みます。

②ウエスト部分は、図のように74目を減目して55にして8段編みます。

③袖ぐりは8目減目をし、前・後の衿ぐりは図に従って減目して編み上げます。

④袖はホワイトの糸で指でかける作り目36目を作り2段目と16段目を裏編みで他は表編みで編みます。16段編み終えたらブルーの糸に替え、4目減目をしてから、脇の増し目をしながら54段まで編み袖山は今度は減目しながら編み上げます。

⑤肩は前・後身頃を中表に合わせてかぶせはぎにし、脇と袖下は表からすくいとじにします。袖付けは身頃を中表にして、袖を表のまま入れて返し縫いをして付けます（袖山中央と肩線より１cm後ろとを合わせる）。

⑥衿は前から52目、後ろから28目、全体で80目拾い6号の輪針で7段編みますが、2段目と6段目は裏編みで7段目は１目ゴム編みで編み、ゴム止めにします。

⑦裾と衿元、袖先に極細の糸とレース針0号で松編みを編みます。

⑧最後にダイヤ柄と小さなお花の刺しゅうをします。衿は横2cm縦1.5cmのダイヤ柄をブラウンの糸でバックステッチをします。今度は内側のダイヤ柄をグリーンとイエローの糸を交互に使いバックステッチをします。袖先は横5cm縦4.5cmのダイヤ柄をブラウンの糸でバックステッチして、内側をイエローその内側をグリーンで刺しゅうします。後ろ袖はブラウン→グリーン→イエローと順番を替えて刺しゅうします。お花は、花も葉もレゼーデージーステッチで濃淡のピンクとホワイトの糸で葉はグリーンで前・後で14個の刺しゅうをします。

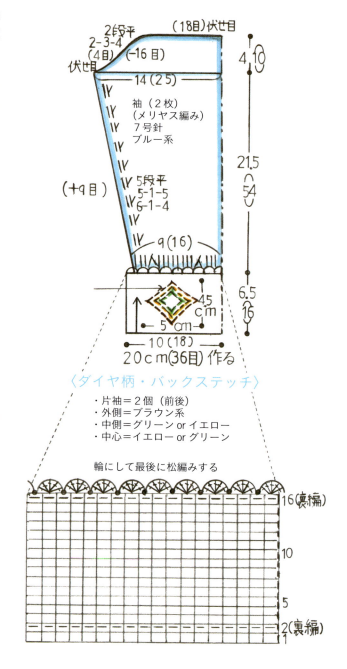

10

◎巾着

- ○材料　・しらかば（NORO・合太タイプ）ブルー系（12）50ｇ＝１玉
  - ・紬（後正産業・並太タイプ）ホワイト系（6）40ｇ＝１玉
  - ・細毛糸　刺しゅう用　バックステッチ＝ブラウン・グリーン・イエロー少々
  - ・接着芯　幅 20cm
- ○用具　・輪針 6 号　かぎ針 5/0 号
- ○ゲージ　10cm平方でメリヤス編み　15.5 目×30 段
  - 10cm平方で長編み　15.5 目×10 段

○編み方　糸は１本どりで輪にして編みます。縁どりと底の部分はかぎ針で編みます。

①指でかける作り目を 56 目作り、輪にしてブルーの糸で 11 段編み、次にホワイトの糸に替えて 2 段目と 15 段目を裏編みで、他は表編みで編みます。15 段編み終えたら次はまたブルーの糸に替え表編みで 11 段編みます。

②袋口は、かぎ針 5/0 号で長編み 5 目の松編みを 14 個編みます。松編み 1 個は 4 目になります。2 周します。

③ホワイトの部分に大・小のダイヤ柄をバックステッチで刺しゅうします。大のダイヤ柄 4 個、小のダイヤ柄が 4 個になります。大のダイヤ柄が 6 目・12 段で小のダイヤ柄が 3 目・3 段の大きさになります。大のダイヤ柄と小のダイヤ柄の間隔は 2.5 目になります。

④ダイヤ柄の刺しゅうが終わったら裏に返し袋口から 4 cm 下全体にニット用白地の接着芯をアイロンで貼り付けます。

⑤表にして袋の底よりかぎ針 5/0 号で図のように長編みで円の中心に向かって編みます。出来上がったら少し大きめのニット用白地の接着芯を円に切って裏側よりアイロンで貼り付けます。

⑥表にして今度はスレッドコードを 2 本編みます。1 本は口通し紐 55cm、もう 1 本は手さげ紐 20cm です。口通し紐は図のように通して前で少し絞りリボン結びにします。手さげ紐は 2 段目の松編みの両サイドにしっかりとじ付けて出来上がりです。

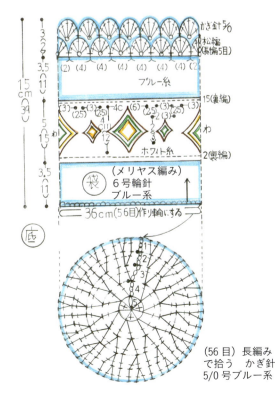

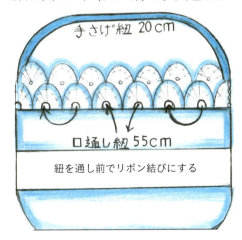

＜スレッドコード（ブルー系）＞手さげ紐 20cm

紐を通し前でリボン結びにする

パッチワークキルトの入ったかぎ針ベスト＆バッグ

◎パッチワークキルトの入ったかぎ針ベスト

○材料　・クレヨンソックヤーン（NORO・中細タイプ）グラデーション糸（S240）100ｇ＝１束
　　　　・パッチワークキルト１枚（表布・キルト芯・裏布・バイヤス布・型紙・キルト用糸）
○用具　・かぎ針3/0号　キルト用針
○ゲージ　10cm平方で模様編み 3/0号　10模様×10模様

○編み方　糸は１本どりで編みます。全てかぎ針で編みます（パッチワークキルトは別図にて）。
　①前・後身頃とも裾より鎖（129目）作り目して鎖で立ち上がり、両サイドのみ細編み（２目）他は細編み（１目）と鎖（２目）の繰り返しで編み戻ります。糸を切って今度は中央より12模様手前より糸を入れ、長編み（１目）と鎖（２目）の繰り返しで、糸を渡しながら３模様の編み進みの引き返し編みで、３模様（７段）を編みます（別編み図）。
　②編み進みの引き返し編みが済むと、今度は両サイド細編みと長編みの目を（２目）立てながら25模様（50段）を５模様（10段）ごとに減目しながら編み進みます（別編み図）。
　③後身頃は、脇下に糸印を付けた後、さらに12模様（24段）編みます。

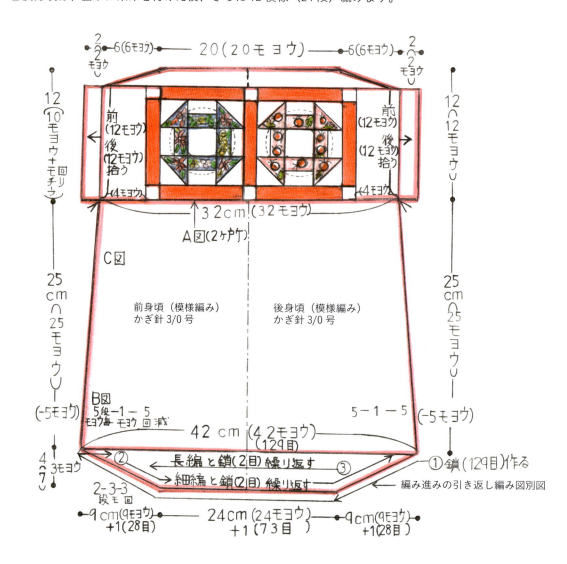

④パッチワークキルトの周りの0.5cm内側を目打ちで0.5cm間隔で横44目・縦22目ずつ穴を開け、かぎ針3/0号で細編みで1周します。2段目は長編みで1周します。角を作りながら編みます。
⑤前身頃の脇下に糸印を付けパッチワークキルトを中央に置き、底の部分を長編みと鎖2目で取り付けながら編みます。
　次は左・右別々に4模様で9模様（18段）編みます。最後の段は通しで1模様（2段）編みます。
⑥前・後身頃が編み上がったら、表より肩と脇の部分をすくいとじします。
⑦袖ぐりより、前12模様・後12模様を長編みと鎖で拾い2模様（4段）を編みます。
⑧衿と裾回りに縁編み（別編み図）を編みます。

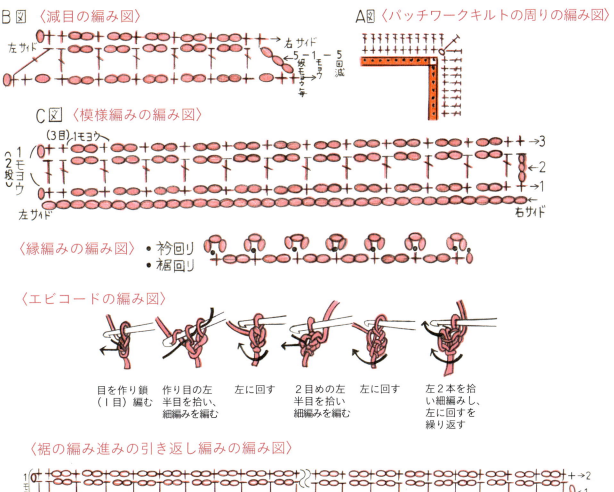

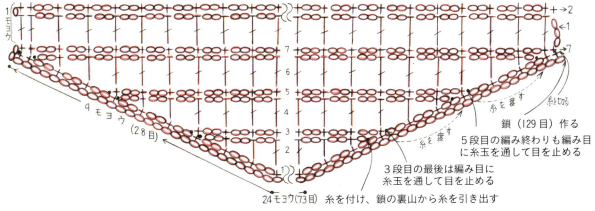

11

◎バッグ

○材料 ・クレヨンソックヤーン（NORO・中細タイプ）グラデーション糸（S240）10 g
・パッチワークキルト1枚（表布・キルト芯・裏布・バイヤス布・
型紙・キルト用糸）・ボタン（車型）1個

○用具 ・かぎ針3/0号 キルト用針

○編み方 スレッドコードは2本どりで、エビコードは1本どりで編みます。
①スレッドコード（2本どり）10cm 1本
エビコード（1本どり・手さげ用）21cm 2本
エビコード（1本どり・ショルダー用）70cm 1本
それぞれのコードを編み、バッグに取り付けます。
②スレッドコードは図のように裏側のバイヤスの内にまつり付けます。表に車型のボタンを付
けます。エビコード・手さげ用2本とショルダー用1本は、バッグの内側にしっかりまつり
付けます。

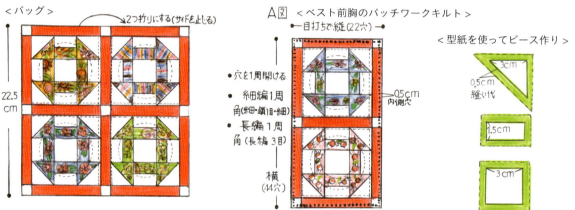

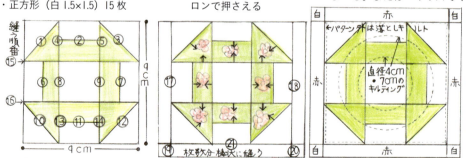

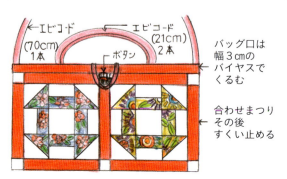

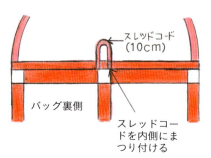

12

イチゴのプルオーバー＆
イチゴのストラップ・コサージュ

◎イチゴのプルオーバー

○材料　・ムーンライトサエ（アミティ・極太タイプ）赤系（20）100ｇ＝１束
　　　　・スーパーアクリル（ユザワヤ・極太タイプ）緑系（210）80ｇ＝２玉
　　　　　または、ラブボニー（ハマナカ・並太タイプ）赤系（133）120ｇ＝３玉
　　　　　ラブボニー（ハマナカ・並太タイプ）緑系（115）40ｇ＝１玉
　　　　　※ストラップ・コサージュの分量含む
○用具　・かぎ針7/0号　輪針8号
○ゲージ　10cm平方で　かぎ針7/0号（イチゴのヘタ）15目×6段　ゴム編み15目×20段
　　　　　かぎ針7/0号（イチゴの実）13.5目×8段

○編み方　糸は１本どりで編みます。
　①かぎ針7/0号・緑系で鎖60目作り、輪にして外へ編み進めます。5段目より赤系に替え実の部分を編みます。前段のヘタ部分の鎖１目の中に長編みを3目編み入れ、両袖は5段で編み終わりです。
　②6～8段までの3段分を後身頃のみ編みます。前・後差を出して着やすくするためです。
　③これより前・後身頃、輪にして10段編みます。最後の段はバック細編みにします。
　④首元の鎖より60目拾い出し輪針8号緑系で１目ゴム編みを10段編みゴム止めにします。

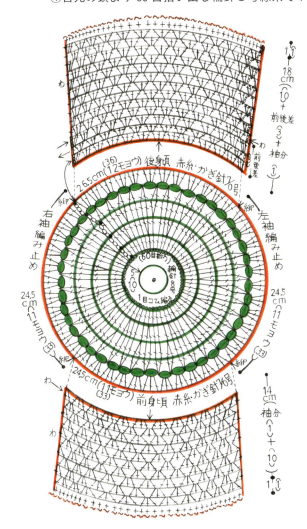

- 鎖（60目）（緑系）で作る
- １段目　長編み（60目）
- ２段目　４目ごと、長編み２目編み入れる（75目）
- ３段目　５目ごと、長編み２目編み入れる（90目）
- ４段目　長編み　２目一度と鎖１目
- ５段目　（赤糸）を前段鎖目に長編みを
  3目編み入れる
- ６段目　両袖分を除き、単独で後身頃のみ3段
  編む（前後差を付けるため）
- 前・後身頃をここで輪にして10段編む
  最後の段はバック細編みにする
- 首元の鎖より60目拾い出し、輪針8号で１目ゴム
  編み10段編みゴム止めにする

45

12

◎イチゴのストラップ・コサージュ

○材料　・メリノウール（ユザワヤ・極太タイプ）赤系（2007）15 g = 1/2 玉
　　　　・スーパーアクリル（ユザワヤ・極太タイプ）緑系（210）10 g = 1/4 玉
　　　　・根付ストラップ　・コサージュ用ピン

○用具　・かぎ針 7/0 号　5/0 号

○ゲージ　10cm平方でかぎ針 5/0 号　20目 ×10段

○編み方　糸は1本どりでかぎ針 7/0 号と 5/0 号で編みます。
① イチゴのストラップのヘタ部分はかぎ針 7/0 号、緑系で細編み（9目）よりコサージュのヘタ部分は同じかぎ針 7/0 号、緑系で細編み（6目）より編み始めます。編み始める前に緑の糸を少し残しておきます。
② 2段目はそれぞれの目に長編みを2目編み入れます。ストラップ9目→18目、コサージュ6目→12目。
③ 4段目は赤系に持ち替えてこの時点でコサージュはかぎ針 5/0 号にします。前段の鎖（1目）の中に長編み3目を編み入れます。5段目でストラップもかぎ針 5/0 号に替え最後まで編み図のように編みます。編み終わったら先頭に根付ストラップとコサージュ用ピンを取り付けます。

〈ストラップ〉

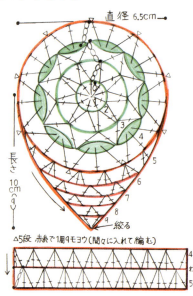

・先頭に根付ストラップを取り付ける
　または、ストラップの代わりに残した緑系の鎖編みを輪にしても良い

・4段までかぎ針 7/0 号
・5段からかぎ針 5/0 号

〈コサージュ〉

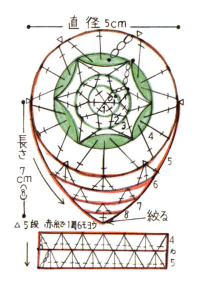

・先頭に鎖6目作り、コサージュ用ピンを取り付ける

・3段（緑糸）までかぎ針 7/0 号
・4段（赤糸）からかぎ針 5/0 号

13 花柄のフリル付きマント

○材料　・シルクマイルド（ユザワヤ・合太タイプ）ホワイト系（2A）90ｇ＝3玉
　　　　・オーキッド（リッチモア・超極太タイプ）グレー系（7）40ｇ＝1玉
　　　　・飾りボタン1個　・目玉用ボタン2個　・鼻用ボタン2個　・革紐15cm
　　　　（スエード革・ベージュ）2本　・ホック3個
○用具　棒針6号・15号
○ゲージ　10cm平方でメリヤス編み（6号針）　23目×32段
　　　　　　　　　　　メリヤス編み（15号針）11.5目×16段

○編み方　糸は1本どりで編みます。
①15号針・グレーの糸で指でかける作り目（121目）を作り、ガーター編みで3段編み、次は6号針・ホワイトの糸に持ち替え倍の（242目）に増し、メリヤス編みで途中、犬の模様を編み込みながら60段まで編みます。
②分散減目で11カ所で減目します。（242目）から（77目）に減目しながら36段編みます。今度は15号針・グレー系で（77目）の目を2目一度しながら（39目）にします。メリヤス編みで衿元1目内側を（4目）増し、6段から（3目）減らし、10段編み伏せ止めします。
③左・右の身頃より15号針グレー系の糸で1段おきに（50目）拾い出し、ガーター編みで3段編み伏せ止めにします。前立ての裏にホックを3カ所付け、表に飾りボタンを付けます。

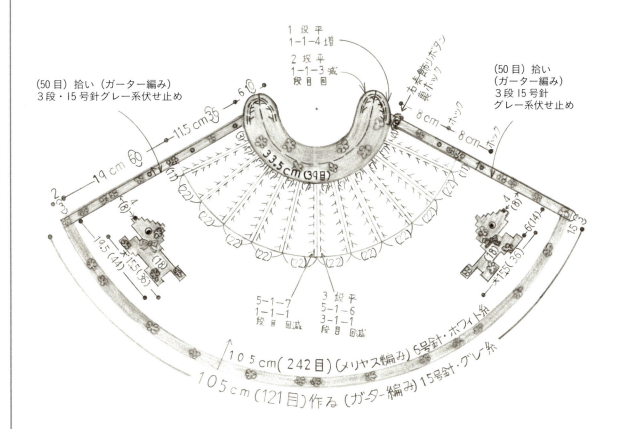

◎マントの中の犬の模様の編み方

○編み方　グレーの糸1本どりで編みます。

①注意する点は、6号針・ホワイトの糸でメリヤス編みで14段編み、15段目はまずホワイトの糸で（14目）編んだところで今度はグレーの糸に持ち替え15目（犬の前足）より2目一度を5回繰り返し、またホワイトの糸に替え（8目）編んでから再びグレーの糸に替え2目一度を5回（犬の後足部分）繰り返し編み、その後はホワイトの糸に替え左側の犬の後足（44目）手前まで編んだら、（44目）からまた編み込みをして左の犬を編みます。

②段数はホワイトの糸もグレー（犬）の糸も同じですが、目数はホワイトの糸（2目）に対してグレー（犬）の糸は1/2の（1目）となります。従って犬の模様の編み込みが終わると元の目数に戻ります。

③出来上がって最後に目玉と鼻のボタンを付け、首にスエードの革紐をリボン結びにします。

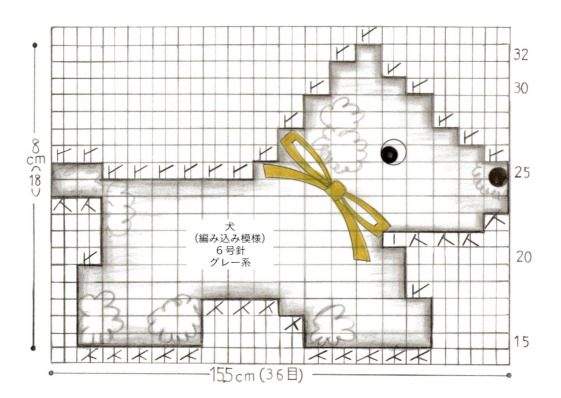

14 かのこ編みのスタンドカラージャケット＆バッグ

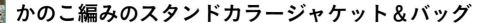

◎かのこ編みのスタンドカラージャケット

○材料　・ソフトラッド（リッチモア・超極太タイプ）グレー系（2）350ｇ＝7玉
　　　　・黒銀ラメ　50ｇ＝1本
　　　　・糸巻きボタン＝7個（グリーン系2個・ピンク系3個・グレー系1個・ベージュ系1個）
　　　　　作る時（それぞれ7色の糸＝約2ｍ・プラリング直径24mm 7個）
○用具　　棒針10mm　とじ針
○ゲージ　10cm平方で1目2段かのこ編み9目13段

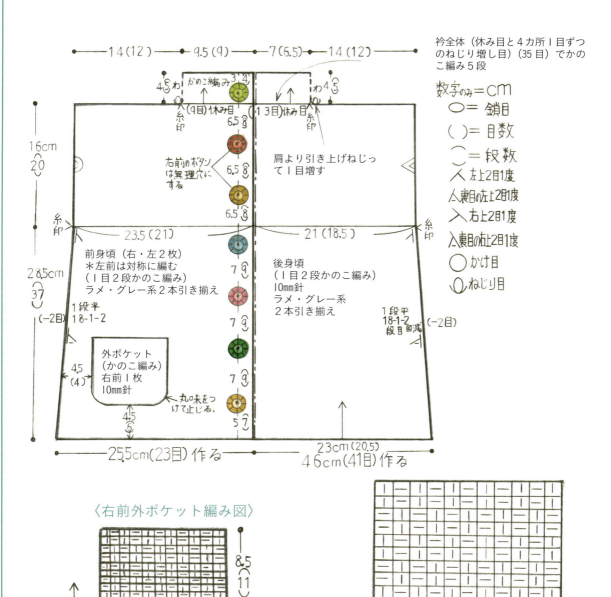

〈右前外ポケット編み図〉

〈1目2段のかのこ編みの編み図〉

○編み方　糸は黒銀ラメとグレー糸の2本引き揃えで編みます。

①前・後身頃は指でかける作り目をし、1目2段かのこ編みで脇の減目をしながら37段まで編みます。両サイドに糸印をして、さらに増減なしで20段編み進め肩と衿の境に糸印をして全目休めます。

②肩は前・後身頃を中表に合わせてかぶせはぎにします。

③衿は休み目の右前衿ぐり（9目）→肩はぎした両サイドより（1目・1目）拾いねじり目→後ろ衿ぐり（13目）→両サイドより（1目・1目）ねじり目→左前衿ぐり（9目）、全部で（35目）を柄が崩れないように気を付けて、かのこ編みで5段編み、伏せ止めにします。

④袖は前・後の袖ぐりの糸印から糸印まで図のように（29目）拾い出し、減目しながらかのこ編みで37段編み、さらに折り返し部分の10段を続けて編み、伏せ止めします。

⑤身頃の両サイドと袖下を表より半目のすくいとじにし、折り返し部分の10段は裏からすくいとじにします。

⑥ポケットは指でかける作り目をし1目2段かのこ編みで編み、所定の位置（右前身頃のみ）にすくいとじで取り付けます。底は丸みをつけて付けます。

⑦ボタン穴は右前身頃の2.5cm内側の所定の位置に無理穴にして、黒銀ラメの糸でかがります。ボタンは左前身頃の所定の位置に縫い糸で取り付けます。

〈糸巻きボタンの作り方〉

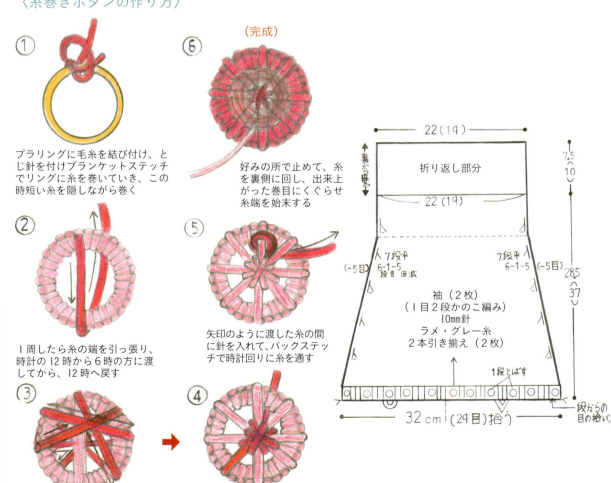

PHOTO PAGE 14

◎バッグ

- ○材料
  - ・ソフトラッド（リッチモア・超極太タイプ）グレー系（2）100ｇ＝2玉
  - ・黒銀ラメ＝10ｇ
  - ・カシミヤウール（ユザワヤ・並太タイプ）紺系（5）40ｇ＝1玉
  - ・竹のバックル（丸型・幅14cm）＝1セット
  - ・三角ヘッド（銀）＝1個　・リボン花コサージュ（小）1個
- ○用具　・棒針10mm
- ○ゲージ　10cm平方で1目1段かのこ編み 10目14段

○編み方　バッグ本体の糸は、黒銀ラメとグレーの糸の2本引き揃えて編みます。取手口は紺系3本どりです。
①共糸で鎖（15目）を作り、そこから（15目）拾い出し、1目1段かのこ編みで編みます。また、表・裏のかのこを崩さないようにし、1目内側を増し目しながら13段編み、糸印し、さらに増減なしで13段編み、6段手前のあき止まりに糸印を両サイドに付け、目で休めておきます。
②今度は鎖の反対側より（15目）拾い出し、同様に編み上げます。
③脇を表合わせにし、あき止まりまで半目すくい止めにします。
④取手口の休めていた目を紺系3本どりで1目ゴム編みにします。両サイドは表目を（2目）立てて10段編み、伏せ止めにします。
⑤④に竹の丸バックルを入れ、Wにして巻きとじにします。
⑥三角ヘッドと花のコサージュ（裏ボタン付き）をバッグの表・裏の中央に1個ずつ取り付けます。

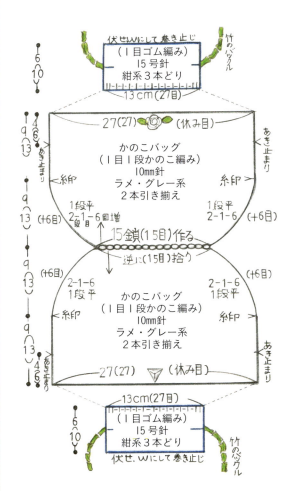

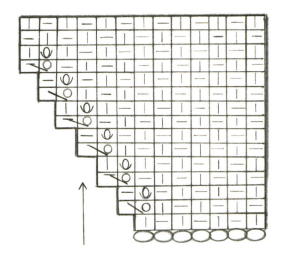

〈鎖からの1目1段かのこ編みと増し目図〉

15

ボーダー柄のジャンパースカート・ボレロ
＆コアラの編みぐるみ

◎ボーダー柄のジャンパースカート・ボレロ

○材料 ・シルクマイルド（ユザワヤ・並太タイプ）ホワイト系（1）30ｇ＝1玉
・スーパーアクリル（ユザワヤ・極太タイプ）ホワイト系（201）80ｇ＝2玉
・オーキッド（リッチモア・超極太タイプ）グレー系（7）240ｇ＝6玉
・ボタン（直径1.5cm）＝2個　布用接着剤少々

○用具　・棒針15号　輪針10号・14号・15号（全て40cm）　かぎ針5/0号

○ゲージ　10cm平方でグレー系メリヤス編み11目×16段
　　　　　ホワイト系メリヤス編み14目×21段

○編み方　糸は1本どりで編みます。身頃は15号、ガーター編みは14号、ゴム編みは10号で編みます。
　①ジャンパースカートは指でかける作り目で（92目）作り、輪にしてゴム編みで5段編み、次はウエストまでメリヤス編みのボーダー柄（グレー4段・ホワイト2段＝1模様）を繰り返し減目しながら編みます。袖ぐりからはグレーの糸で前・後身頃分けて減目しながら編み上げます。
　②ボレロは指でかける作り目で（80目）作り、通しで14号針ホワイト系でガーター編みで6段編み、次に15号針グレー系で前・後身頃通しで袖下までメリヤス編みで編みます。袖ぐりからは前・後身頃別々に袖・衿ぐりの減目をして編み上げます。

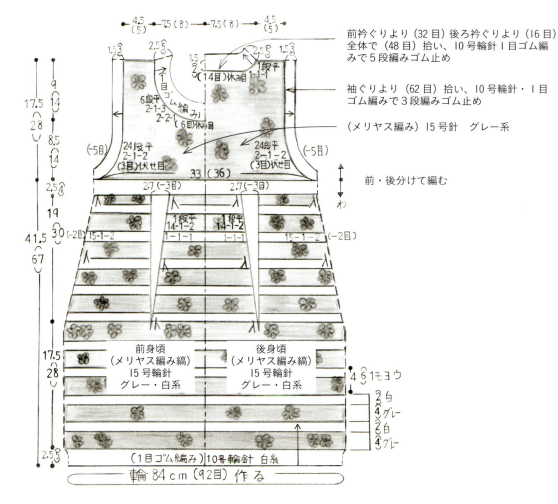

③ジャンパースカートは肩を前後中表にしてかぶせはぎにします。袖ぐりより（62目）拾い1目ゴム編みで3段編みゴム止めします。次に衿ぐりより（48目）拾い1目ゴム編みで5段編み、ゴム止めします。

④ボレロの袖は指でかける作り目で（24目）作り、輪にしてホワイトの糸でガーター編みで8段編みます。次はボーダー柄（グレー4段・ホワイト2段＝1模様）を繰り返し、袖下増し目しながら編みます。袖山は減目しながら平らに編みます。
2枚編み上げたら袖付けは身頃を中表にして袖を入れ、返し縫いでとじ付けます。

⑤ボレロの衿は（54目）拾い、14号針ホワイトの糸でガーター編み6段を編み伏せ止めにします。次に左前立ては、14号針、ホワイト系の糸で（30目）拾いガーター編み4段編み伏せ止めにし、右前立ては上から（3目）と（9目）にかけ目2目一度をして、2段目でボタン穴2カ所を作り、4段まで編み伏せ止めにします。

⑥マーガレットのコサージュは図のようにかぎ針で作り、左胸上に取り付けます。

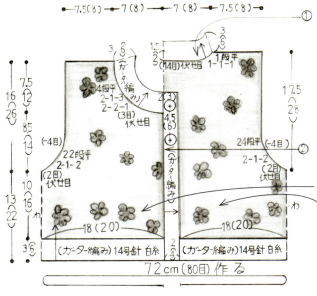

衿は白系・14号針で右前衿ぐりから（18目）後ろ衿ぐりから（18目）左前衿ぐりから（18目）全体で（54目）拾いガーター編みで6段編み、伏せ止め

左前立ては、白系・14号針で（30目）拾いガーター編みで4段編み、伏せ止め
右前立ては上から（3目）と（9目）に（かけ目2目一度）をして、2段目でボタン穴を2カ所作り、4段まで編んで伏せ止め

前身頃（メリヤス編み）15号針　グレー系
後身頃（メリヤス編み）15号針　グレー系

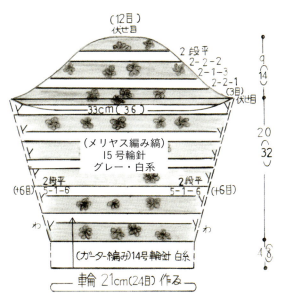

〈コサージュ（マーガレット）編み図〉

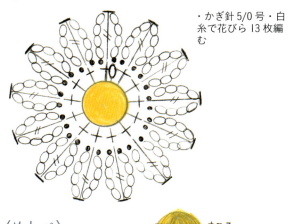

・かぎ針5/0号・白糸で花びら13枚編む

〈めしべ〉

・黄色のモヘアを指に30回巻き、下をしっかり結び上を切りそろえる

・めしべの結んだところに布用接着剤を付け、コサージュの中心に入れる

◎コアラの編みぐるみ

○材料　・オーキッド（リッチモア・超極太タイプ）グレー系（7）40ｇ＝1玉
　　　　・目玉用ボタン＝2個　・首飾りリボン（幅2cm・長さ20cm）＝1本　わた＝50g
　　　　・シルクマイルド（ユザワヤ・並太タイプ）ホワイト系＝少々
○用具　・棒針15号　かぎ針8/0号
○ゲージ　10cm平方でメリヤス編み　11目16段

○編み方　1本どりで編みます。
　①指でかける作り目（6目）を15号針・ホワイトの糸で別々に2枚メリヤス編みで4段編み、グレーの糸に持ち替えて8段編み、9段で2枚を通しで間に1目巻き増し目を作り、袖下まで編みます。
　②袖下は左・右巻き増し目を（8目）ずつ作り袖先（4目）はホワイトの糸に替えながら10段編みます。今度は肩の部分（10目）を左・右とも伏せ止めにして、ここからホワイトの糸に持ち替え、口元を図のように編み込み模様にして、目元からまたグレーの糸で増減しながら編み上げます。前後身頃とも、口元の編み込み部分以外は同じものを2枚作ります。
　③前後を中表にして、頭から足の付け根までを返し縫いして、表にしてしっかりわたを詰め込み、形を整えてから足の付け根より下をすくいとじにします。
　④耳2枚をかぎ針8/0号で図のように編み、取り付けます。
　⑤最後に目を付け、口はグレーの糸で刺しゅうします。鼻は本体のグレーの糸の花柄を利用しました。首飾りは、輪にして後でまつります。

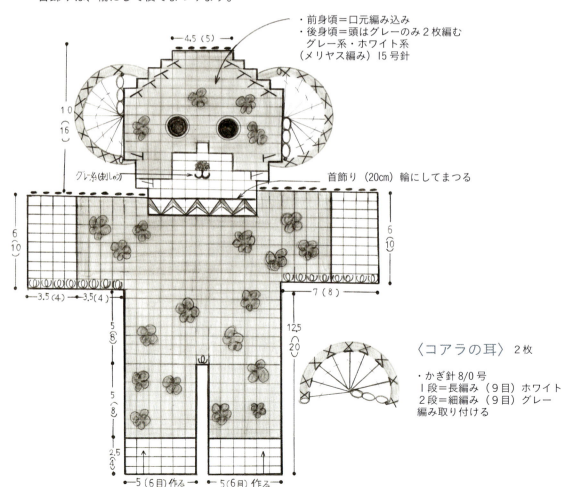

16

クリスマスツリーのワンピース

○材料　・スーパーアクリル（ユザワヤ・極太タイプ）グリーン系（210）280 g＝7玉
　　　　・スーパーアクリル（ユザワヤ・合太タイプ）グリーン系（110）120 g＝3玉
　　　　・ベルベットリボン（幅0.9cm・長さ1m・黒）
　　　　・5色入り　小綿玉（赤7個・青7個・緑6個・黄色6個・白8個）・布用接着剤少々
○用具　　かぎ針 8/0 号・5/0 号
○ゲージ　10cm平方で　長編み11目×6段　長々編み11目×4.2段

○編み方　糸は1本どりで編みます。

①ネックからかぎ針8/0号、極太糸で鎖（60目）を作り、輪にして細編みで1周します。2段目は細編み（1目）・鎖（3目）で1周します。鎖（3目）[リボン穴]は20カ所できます。3段目は長編みで1周します。

②4段目は、左・右の袖の部分の（10目）を倍の（20目）に増やし、糸印を付け、また4段と5段目は前半分は長編みで後ろ半分は長々編みで編みます（前後差を作ることにより着やすくするためです）。

③5段目はまず後身頃（20目）を長々編みで編み、鎖を（10目）作り、次に前身頃を（20目）長編みで編み、鎖を（10目）作り、引き抜いて糸を切ります。つづく→

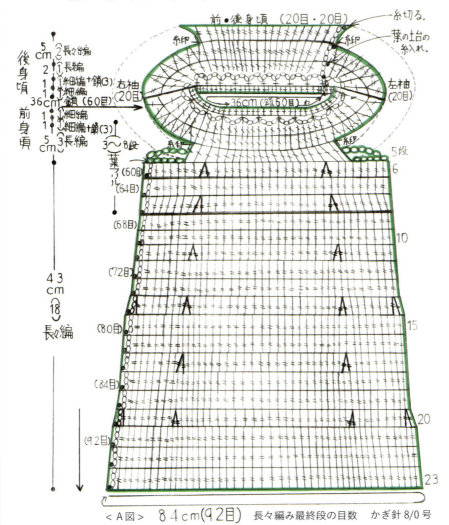

- 1段目—鎖の裏山（60目）を輪にして、細編みで1周する　かぎ針 8/0 号です

- 2段目—細編みと鎖（3目）で1周し、リボン穴を全部で20個作る

- 4段目—左・右の袖部分（10目）を倍の（20目）に増やし、また4段目と5段目は前半分は長編みで編みます（前後差を作ることにより着やすくするためです）

- 5段目—後身頃（20目）長々編みで編み、鎖（10目）作り、前身頃も同様に編み、次に引き抜き糸を切ります

- 6段目—右サイド鎖（5目）より糸を入れ、裏山を拾い長々編みをし、これより輪にして、全て長々編みで編みます

- 23段まで図の増し目のところは、長々編み2目編み入れながら編みます

④6段目は右サイド鎖（5目）より糸を入れ裏山を拾い長々編みをし、これより輪にして長々編みで編みます。23段まで増し目は図のように長々編み2目編み入れながら編みます。
⑤編み終えたら今度は葉っぱの土台を作ります。かぎ針5/0号で糸はグリーンの合太に替え、3段〜8段までネックから1目ごとに細編み表引き上げでらせんを描きながら編みます。〈B図〉出発点は丸ヨーク後身頃の3段目の鎖（3目）の立ち上がり部分より糸を入れます。
⑥今度は、葉っぱのフリルを編みます。3段〜8段まで葉っぱの土台の鎖の部分の中に編み入れていきます。〈C図・C´図〉
⑦フリルを編み終えたら、ネックの穴にリボン紐を通し、前中央で結びます。色付き小綿玉は、6段〜8段に好みのところ、好みの色玉を布用接着剤で付けます。

〈クリスマスマスツリーのワンピースの中に出てくる編み目記号〉

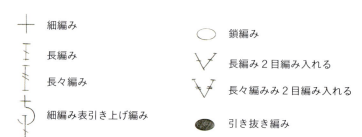

〈リボンの通し方とC´図 葉っぱ(フリル)の編み図〉

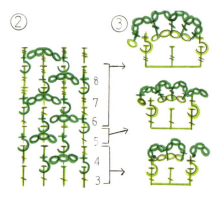

17

おめかしファーショール＆おませなファーバッグ

◎おめかしファーショール

○材料　・3色玉付きファー（超極太タイプ）ホワイト系（玉色3色）80ｇ＝2玉
　　　　・ボタン（象牙型4cm）ブラック＝1個
　　　　・革紐（幅0.3cm・長さ25cm）ベージュ＝1本
○用具　・棒針10mm
○ゲージ　10cm平方でガーター編み　5目×5段

○編み方　糸は1本どりで編みます。
　　　①指でかける作り目を（10目）作りガーター編みで28段編み、編み終わりは伏せ止めにします。
　　　②左上方に象牙型のボタン穴に革紐を通して裏で結びます。ボタン穴はどこでも無理穴状態ですので好きなところに通してください。

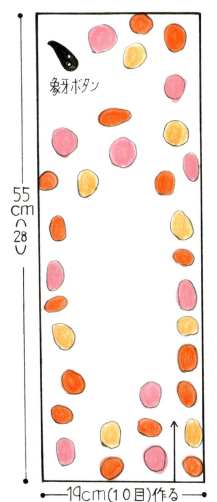

ショール（ガーター編み）
10mm針
3色玉付きファー系

象牙ボタン

55cm（28）

19cm(10目)作る

17

◎おませなファーバッグ

○材料　・ホワイトファー（超極太タイプ）ホワイト糸（I）40ｇ＝I玉
　　　　・バッグベルト（黄色取付金具付き）30cm＝I個
　　　　・ホック（大）＝I個
　　　　・裏地（キュプラホワイト）20cm×32cm＝I枚
○用具　・棒針 10mm
○ゲージ　10cm平方でガーター編み　5目×5段

○編み方　糸はI本どりで編みます。
　①指でかける作り目を（10目）作りガーター編みで16段編み、編み終わりは伏せ止めにします。
　②二つ折りにして、サイドは半目のすくいとじにします。
　③内袋は布地でニットバッグの大きさ（20cm×32cm）と同じに切って袋に縫って内表に入れ、口から2cm下のところでまつり縫いにします。
　④ホックを内側の中央に取り付けます。バッグのベルトをバッグ口の両サイドに取り付けます。

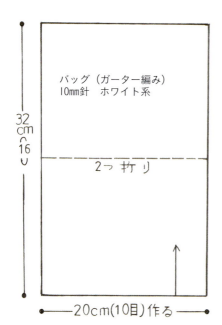

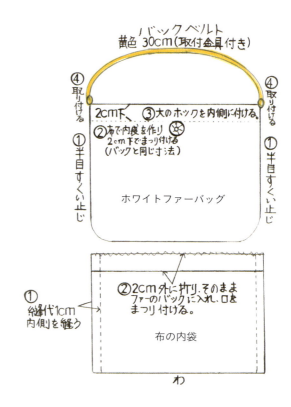

18

男の子フード付きベスト

○材料　・メリノウール（ユザワヤ・並太タイプ）ホワイト系（143）10 g = 22 m
　　　　・シルクマイルド（ユザワヤ・並太タイプ）ネイビー系（9）150 g = 5玉
　　　　・フェルト（貼るタイプ）ブルー系 = 1/6枚・ホワイト系 = 1/6枚
　　　　・三角ヘッド（銀）= 11個　ボタン（1.2cm）= 1個

○用具　　棒針7号　6号

○ゲージ　10cm平方でメリヤス編み　21目×26段

○編み方　糸は1本どりで編みます。

　①指でかける作り目を（83目）作りメリヤス編みで前・後身頃とも78段まで編みます。次にホワイト系に持ち替えて4段編み、またネイビーの糸に戻し2段編むと脇下の84段になります。

　②袖ぐりは一度に（5目）伏せ目で減目します。次に前身頃のみ直に編み込み模様に入ります。ジグザグのひと山（12目）の模様を6回繰り返して最後（1目）を編むと左右対称のジグザグ模様が出来上がります。つづく→

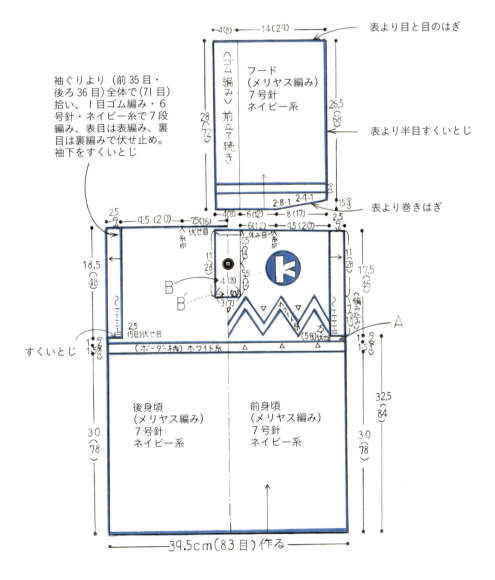

③編み込み模様が終わり19段目からは左・右別々に中央（7目）に（1目）ねじり増し目をして（8目）の図のようなゴム編みの前立てにします。左前立ては15段目で（2目一度かけ目）のボタン穴を1個作ります。28段まで編み、全目休み目にしておきます。右前立ては、左前立ての後ろより（8目）拾い出し、針にかかっている（32目）とともにボタン穴無しで編み上げます。

④後身頃はホワイト系（4段）のボーダー柄以外はネイビーの糸でメリヤス編みで編み上げます。両肩は目で休め、後ろ衿あきは伏せ目にします。

⑤肩は中表に合わせてかぶせはぎにし、脇は表よりすくいとじにします。

⑥フードは左・右目で休めていた（20目）をそれぞれ拾い、2段階に（8目）と（9目）を巻き増し目して、左・右から対称に編み進めます。72段編んだところで目と目のはぎをします。フードの後ろ中心は表より半目すくいとじにします。

フードの巻き増し目をした部分と、後ろ衿あき部分を表より巻きはぎにします。

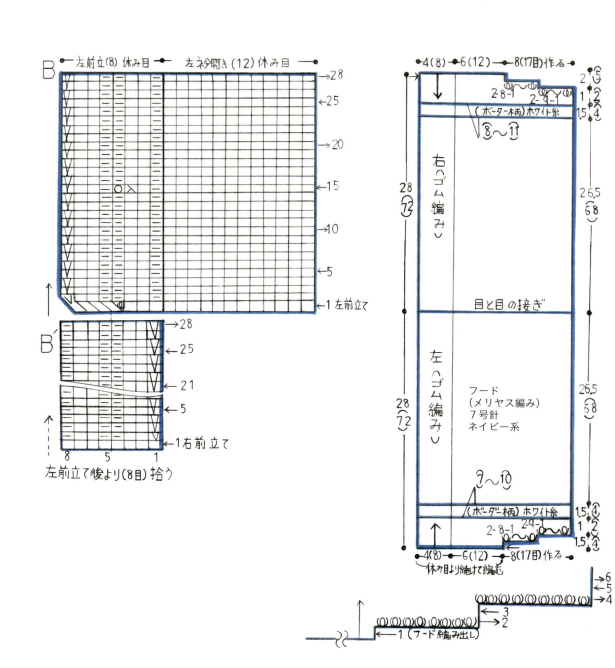

⑦袖ぐりから（前35目・後ろ36目）全体で（71目）を拾い出し6号針1目ゴム編みで7段編み、表目は表編み、裏目は裏編みで伏せ止めにします。袖下はすくいとじにします。
⑧フェルトのワッペンはアイロンで当て布の上からドライで20〜30秒押さえて付け、ボタンは縫い糸で取り付けます。三角ヘッドはペンチで所定の位置にしっかり止めます。

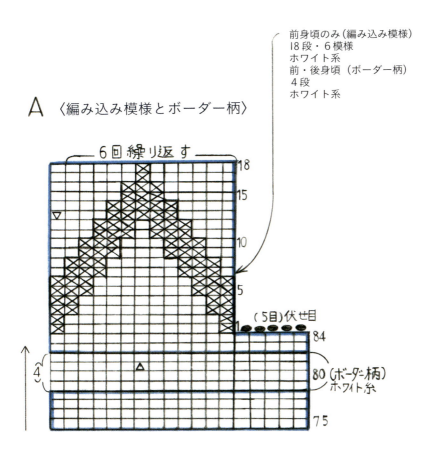

A 〈編み込み模様とボーダー柄〉

前身頃のみ（編み込み模様）
18段・6模様
ホワイト系
前・後身頃（ボーダー柄）
4段
ホワイト系

〈ワッペン〉

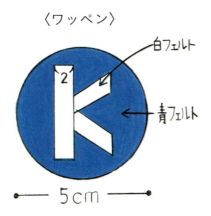

男の子ヘンリーネックベスト

○材料　・メリノウール（ユザワヤ・並太タイプ）ホワイト系（143）10 g ＝ 22 m
　　　　・シルクマイルド（ユザワヤ・並太タイプ）ネイビー系（9）120 g ＝ 4 玉
　　　　・フェルト（貼るタイプ）ブルー系＝1/6 枚・ホワイト系＝1/6 枚
　　　　・三角ヘッド（銀）＝9 個　ボタン（1.5cm）＝1 個
○用具　　棒針 7 号・6 号
○ゲージ　10cm平方でメリヤス編み　21 目×26 段

○編み方　糸は 1 本どりで編みます。
　①指でかける作り目を（71 目）作り、6 号針で 1 目ゴム編みを 8 段編み、7 号針に持ち替えて前後身頃とも 70 段まで編み進めます。編み方は衿とフードを除けばほとんどが P59 の男の子フード付きベストと同じです。

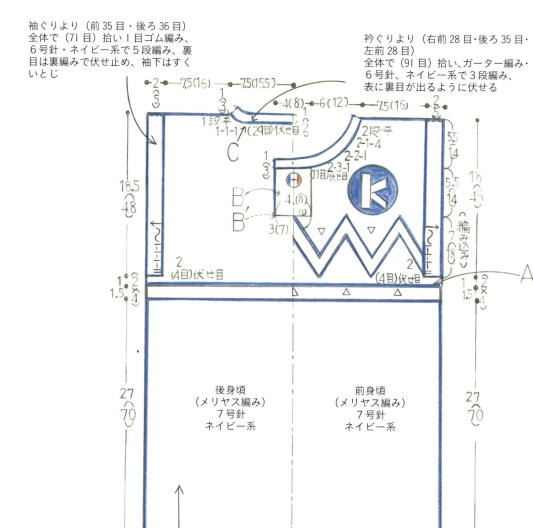

②5山のジグザグの編み込みが終わり14段の前立てを編み終えると、今度は前身頃の衿ぐりを図BB'のように減目して編み上げます。後ろ衿ぐりを伏せ目と減目で編み上げます。肩は中表に合わせかぶせはぎ、脇は表からすくいとじにします。

③袖の1目ゴム編みは（前35目・後ろ36目）＝（71目）拾い出し5段編み、表目は表編み、裏目は裏編みで伏せ止めにします。袖下はすくいとじにします。

④衿のガーター編みは（右衿ぐり28目・後ろ衿ぐり35目・左衿ぐり28目）＝（91目）を拾い3段編み、表に裏目が出るように伏せ止めにします。

⑤ワッペンの作り方はP 61を参照。

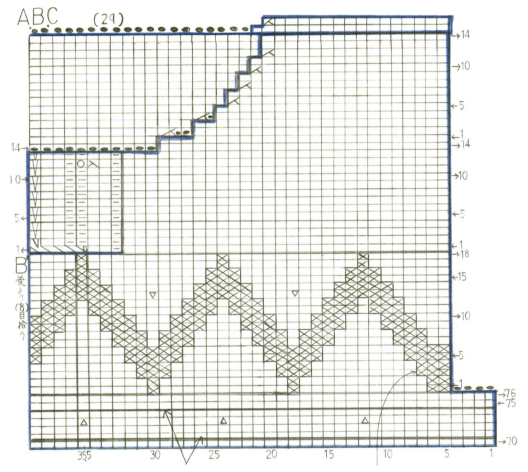

前後身頃（ボーダー柄）4段 ホワイト系　　　前身頃のみ（編み込み模様）18段・5模様 ホワイト系

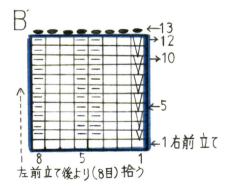

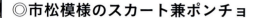

市松模様のスカート兼ポンチョ＆ポシェット

◎市松模様のスカート兼ポンチョ

○材料　・ソフトラッド（リッチモア・超極太タイプ）グレー系（2）150g＝3玉
　　　　・黒銀ラメ＝20g
　　　　・カシミヤウール（ユザワヤ・並太タイプ）紺系（5）40g＝1玉
　　　　・ホワイトリボンテープのバラ（裏ボタン付き）＝1個〈ポンチョ用〉
　　　　・三角ヘッド（銀）（前スカートのみ）＝4個
○用具　・棒針15号・12号・10号・6号　かぎ針8/0号
○ゲージ　10cm平方で表裏メリヤス編み　10目×16段

○編み方　糸は黒銀ラメとグレー系の糸の2本引き揃えで編みます。1目ゴム編みの糸は紺の糸2本どりで編みます。
　①別鎖から15号針で（19目）拾い（裏目6目）→（表目6目）→（裏目7目）を8段編み、今度は（表目6目）→（裏目6目）→（表目7目）の順で8段編みます。これを14回繰り返し、112段編みます。
　②編み始めの目と編み終わりの目を目と目のはぎにします（別鎖は取ります）。
　　1段編んだようにはぎます。
　③輪になったスカート本体の（7目）側から12号針・紺系2本どりで図のように両サイド2目拾い、他は3目拾って1段飛ばす方法で（84目）拾い、12号針で6段・10号針で6段・6号針で6段、1目ゴム編みを編みゴム止めにします。
　④フリンジは黒銀ラメとグレーの糸2本どり×3セット＝6本を20cmに切り、二つ折りにしてかぎ針8/0号で28カ所取り付けます。
　⑤スカートの前に三角ヘッドを4カ所取り付けます。バラのコサージュはポンチョとして着用する時に、裏ボタンが付いていますので中央に付けてください。取り付け、取りはずしが簡単ですので、他のニットに付けても素敵です。

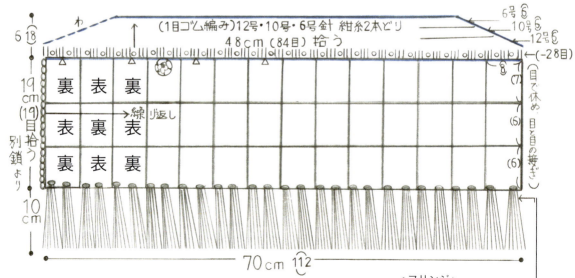

・1模様（12目・16段）
・前中央のバラのコサージュは、ポンチョで着る時は付け、スカートの時は取ります
・三角ヘッドは、前スカートの4カ所に付けます

＜フリンジ＞
黒銀ラメとグレーの糸2本どり×3セット＝6本を20cmに切り、かぎ針8/0号で二つ折りでくぐらせ取り付ける（28カ所）

64

◎ポシェット

- ○材料　・ソフトラッド（リッチモア・超極太タイプ）グレー系（2）50ｇ＝1玉
  - ・黒銀ラメ＝10ｇ
  - ・カシミヤウール（ユザワヤ・並太タイプ）紺系（5）20ｇ＝0.5玉
- ○用具　・棒針15号　12号　かぎ針5/0号
- ○ゲージ　10cm平方で表裏メリヤス編み　10.5目×19段
- ○編み方　糸は黒銀ラメとグレー系の糸の2本引き揃えで編みます。2目ゴム編みと細編み・ピコットと口紐・肩紐のスレッドコードは紺系の2本どりで編みます。
  ① 指でかける作り目を紺系12号針で（32目）作り輪にして2目ゴム編みで6段編み、7段目は裏目のところをかけ目裏2目一度で8カ所穴を開けます。
  ② 今度は黒銀ラメとグレー系の糸15号針に替え（2目）の減目を入れ（裏目5目）と（表目5目）を繰り返し編みながら1周します。7段編み、今度は（表目5目）と（裏目5目）を繰り返しながら7段編み、もう一度（裏目5目）と（表目5目）を繰り返しながら7段編み全体で21段編んだところでＷにして伏せ止めにします。
  ③ ポシェット口にかぎ針5/0号で、細編みピコットを編みながら1周します。フリンジは黒銀ラメとグレー系の糸2本×2＝4本を18cmに切り、二つ折りにしてかぎ針で8カ所に取り付けます。
  ④ かぎ針5/0号・紺系2本どりで、肩紐75cm（175目）と口紐43cm（95目）のスレッドコードを編みます。口紐は両先端に8cm10本の糸を通し二つ折り、1cmのところを二重にしっかり結び玉を作り、3.5cmに切り揃えて房を作ります。紐を8カ所の穴に通し、前中央でリボン結びにします。肩紐はポシェットの両サイドに取り付けます。

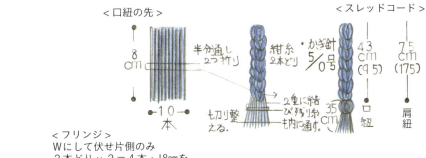

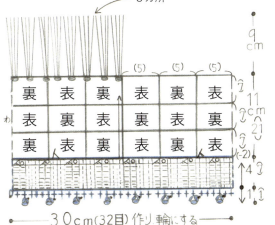

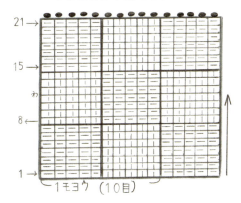

< 市松模様の編み図 >

21 カラフルな大きな衿のジャケット

○材料　・Opal（ドイツ・中細タイプ）フンデルトヴァッサー（2104）200 g＝2玉
　　　　・やわらかラムウール（ダルマ毛糸［横田］中細タイプ）赤系（12）90 g＝3玉
　　　　・ボタン黒（1.8cm）＝5個
○用具　・棒針3号・4号・7号・9号〜10号
○ゲージ　10cm平方で表・裏メリヤス編み　24目×30段（4号）
　　　　　2目ゴム編み中間ゲージ　30目×25段（7号）

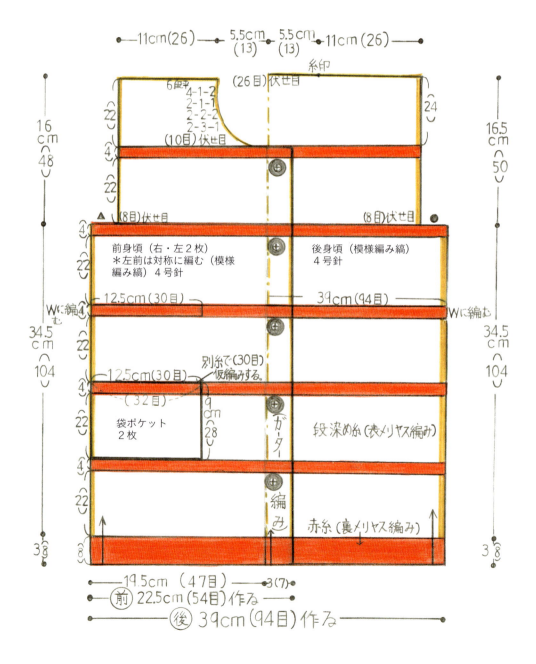

○編み方　糸は各１本どりで編みます。
①指でかける作り目を赤系・４号針で（94目）作り、８段裏メリヤス編みで編みます。次は段染めの糸で22段表メリヤス編みで編み、赤系で４段裏メリヤスと交互に74段まで編み進め、次の赤系４段のみＷで編み、脇下の104段まで繰り返し編みます。袖ぐりは一度に（８目）伏せ目をして編み進み、最後は段染めの糸で24段編み、後ろ衿ぐりと肩の境に糸印を付け、肩は目で休め後ろ衿ぐりは伏せ目にします。
②前身頃は、指でかける作り目で（47目）と前立てのガーター編み（７目）全体で54目作り、後身頃と同様に編み進めますが、30段編んだところでポケット口（30目）は別糸で仮編みにしておきます。次に74段まで編み、次の赤系４段のみ脇より（30目）の部分はＷで編みます。後ろ袖ぐりと同様一度に（８目）伏せ目をして、前衿ぐりまで編み進め、減目をして編み上げ、肩は目で休めておきます。編み図に従って右前身頃の前立ての５カ所にボタン穴を作ります。
③肩は身頃を中表に合わせ、かぶせはぎにします。袖は前・後の袖ぐりより（78目）拾い、図に従って減目し、糸を取り替えながら編み上げます。
④表より袖と身頃脇を柄がずれないように気をつけながら、すくいとじにします。つづく→

〈袋ポケット〉

別糸で編んでいた糸を引き抜き、上下別々に３号針に拾い、上の針の（30目）両脇を１目増し（32目）で56段編む。編み終わりに２目一度（30目）する

ポケット袋の（30目）と身頃の下の針に休めていた（30目）とＷにして２目一度のかぶせはぎにする

左右２枚編む

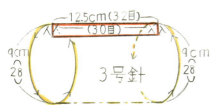

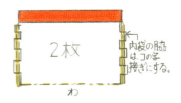

〈ビッグショールカラー〉

〈右前立てとボタンホールの編み図〉

〈袖の模様の編み図〉

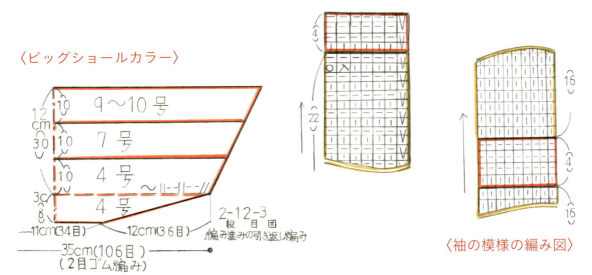

⑤衿は4号・赤糸で右前立ての中央から拾い出し左前立て中央まで全体で（106目）拾い、2目ゴム編みで（編み進みの引き返し編み）で衿立ちを。次は針の号数を上げながら図に従って編み上げます。最後は表編みは表編みで、裏編みは裏編みで編みながら伏せ止めにします。

⑥ポケットは図のように内側に袋を編み、脇はコの字はぎにします。ウエストのWの部分にはスレッドコードの紐を通して固定して仕上げます。

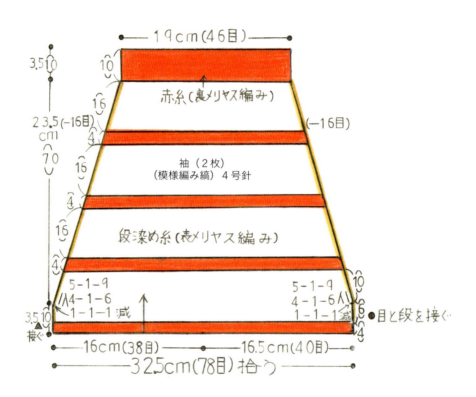

〈ウエスト部分に紐を通し、ギャザーを寄せる〉

ウエスト部分、赤糸で4段編んだところで裏山から（30目）拾い出し4段編みWにして2目一度する

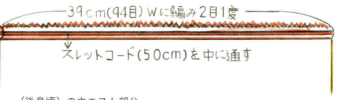

（後身頃）のウエスト部分
後身頃も同じように編み、身頃の両サイドをすくいとじにして、50cmのスレッドコードの紐を通して、ギャザーを寄せ、内側で入口と出口のところをしっかり固定してとじる

デザイン　木ノ下努（Stardiver-Alohadesign Div.）
撮影　　　田村尚行
撮影協力　櫻木順子（P 2・P71）
イラスト　播田順子
編集協力　小野めぐみ（小瑠璃舎）

播田順子
Harita Junko

福岡県出身。結婚後、3人の男子を育てながら、夫の転勤により日本各地で生活。
さまざまな風土に触れた体験を創作活動のアイデアに生かし、ハンドメイドニットに明け暮れる。
80年代に神奈川県川崎市多摩市民館にて、手編み指導（生涯学習）。
90年代からは神奈川県川崎市立南菅中学校で手編み学習指導（選択授業）に携わる。
また、ギャラリーにて作品展を開催し、多くの作品を販売。
2015年より本格的にニット作家として活動を始め、1本の糸から生まれるニット制作を通し、
創造の喜びや大切さを次世代につないでいる。

公益財団法人日本手芸普及協会
手編み師範
機械編み講師（指導員全課程修了）
マイコン・ニットインストラクター

子どもが笑顔になるニット　子どもに作りたいニット

2019年10月15日　第1刷発行

著　者　　播田　順子
発行者　　山中　洋二
発　行　　合同フォレスト株式会社
郵便番号　101-0051
　　　　　東京都千代田区神田神保町1-44
電　話　　03 (3291) 5200　FAX　03 (3294) 3509
振　替　　00170-4-324578

発　売　　合同出版株式会社
郵便番号　101-0051
　　　　　東京都千代田区神田神保町1-44
電　話　　03 (3294) 3506　FAX　03 (3294) 3509
印刷・製本　株式会社シナノ

■落丁・乱丁の際はお取り換えいたします。
本書を無断で複写・転訳載することは、
法律で認められている場合を除き、
著作権及び出版社の権利の侵害になりますので、
その場合にはあらかじめ
小社宛てに許諾を求めてください。

ISBN 978-4-7726-6142-3　NDC 593
257×182
©Junko Harita, 2019

合同フォレストのFacebookページはこちらから。
小社の新着情報がご覧いただけます。
▼